LUIS BASSAT

El libro rojo de la publicidad
(Ideas que mueven montañas)

DEBOLS!LLO

Papel certificado por el Forest Stewardship Council®

MIXTO
Papel procedente de fuentes responsables
FSC® C117695

Diseño y compaginación: Òscar Plà y Toni Otero
Diseño de la portada: Òscar Plà
Fotografías de la portada: © Dany Virgili y Silvia Aguado
Ilustraciones interiores: © Ana Berini

Tercera edición con esta portada: enero de 2015
Tercera reimpresión: junio de 2018
(Vigesimoséptima impresión desde la primera edición absoluta en 1993)

Printed in Spain – Impreso en España

ISBN: 978-84-9759-309-0 (vol. 495/1)
Depósito legal: B-40.022-2011

Compuesto en Anglofort, S. A.

Impreso en Liberdúplex
Sant Llorenç d'Hortons (Barcelona)

P 8 9 3 0 9 A

Penguin
Random House
Grupo Editorial

A Carmen,
compañera de vida y de trabajo

Luis Bassat tiene fama de ser un gran vendedor. En todo caso, experiencia no le falta.

Empezó vendiendo televisores a domicilio mientras estudiaba Ciencias Económicas. Muy pronto, a los 25 años, creó su primera agencia de publicidad, y convirtió las hojas de afeitar Filomatic, que fabricaba su familia, en una auténtica pesadilla para la gran multinacional Gillette.

En 1975, convenció a David Ogilvy de que no encontraría mejor socio en España, y hoy desempeña uno de los más altos cargos directivos dentro de la organización mundial de Ogilvy. Preside el Grupo Bassat Ogilvy de España y es miembro del Consejo de Administración de Ogilvy Worldwide. También ha sido Vice Chairman y Director Creativo de Ogilvy Europa, África y Oriente Medio, Presidente del Consejo Creativo Mundial y miembro del Comité Ejecutivo de Ogilvy para todo el mundo.

Desde 1987 hasta 1995 fue asesor de publicidad, comunicación e imagen de la Presidencia de la Generalitat de Catalunya.

En 1997 fundó el Instituto Creativo Bassat Ogilvy de ESADE.

A lo largo de sus años de profesión ha vendido cientos de productos a través de todo tipo de campañas de promoción, marketing directo, relaciones públicas, y sobre todo de publicidad, como se puede comprobar en los catorce capítulos de este libro.

Por si eso fuera poco, en 1992 vendió una inmejorable imagen de nuestro país, a través de las Ceremonias de los Juegos Olímpicos, a una audiencia televisiva multimillonaria, como se explica ampliamente en el epílogo.

Recientemente, ha sido también el máximo responsable de la Ceremonia de Inauguración del Centenario del Fútbol Club Barcelona, e incluso candidato a la Presidencia del Club.

Ha ganado más de 300 premios de publicidad, en Cannes, Nueva York, Londres, Iberoamérica, y por descontado en España. Pero ha otorgado muchos más. Ha sido el primer, y por ahora único, español que ha llegado a presidir el Jurado del Festival de cine publicitario de Cannes, y del Clio International Advertising Festival.

Ha sido elegido «El mejor publicitario español del siglo XX» según una encuesta realizada para la revista *El Publicista*, entre agencias de publicidad, medios y anunciantes de toda España, y «El mejor gestor de la publicidad española del siglo XX», según otra encuesta realizada para la revista *Anuncios*.

De *El Libro Rojo de la Publicidad* se han hecho ya 10 ediciones en castellano, además de 2 en italiano, siendo la obra más vendida en toda la historia de la publicidad en nuestro país. Ha escrito posteriormente *El Libro Rojo de las Marcas*.

SUMARIO

PRÓLOGO

Acabé de escribir *El Libro Rojo de la Publicidad* a finales de 1993 y se empezó a vender en 1994.

Ésta es la décima edición, y la primera de bolsillo. Es la obra más vendida de toda la historia de la publicidad en España, y dobla largamente en ventas al segundo, *Ogilvy y la Publicidad*, de David Ogilvy, que tuve el honor de prologar hace ya bastantes años.

Si dijera que no esperaba el éxito de mi primer libro mentiría, y eso es algo que no puede permitirse un publicitario. En esta profesión, tan denostada a veces, hay que ir con la verdad por delante, si se quiere triunfar. Porque vivimos de la confianza de nuestros clientes, que ponen en nuestras manos no sólo su dinero, sino también el futuro de sus marcas, que es como decir el futuro de sus empresas.

El otro día llegué tarde a una reunión donde me esperaba el presidente y el equipo directivo de una importante compañía. Yo había avisado desde el coche que me retrasaría unos diez minutos, y al llegar, tras excusarme por el retraso, el presidente recordó que esa mañana el tráfico estaba imposible, a lo que yo contesté que la auténtica causa del retraso no había sido el tráfico, sino el haber salido tarde de mi despacho. El presidente miró uno a uno a todos sus colaboradores y me felicitó. Dijo que una de las cosas que más le impresionaba de mí es que no me había oído mentir nunca. Ni en cosas grandes ni en pequeñas.

Pero volvamos a este libro. Honradamente, sí que esperaba algo del éxito que ha tenido y si no hubiera sido así me hubiera sentido defraudado, porque puse en él no solamente todo mi esfuerzo y un trabajo ímprobo, sino también una muy buena parte de mi vida profesional, que he compartido con las decenas de miles de personas que lo han leído hasta ahora, desde presidentes de empresas a estudiantes de publicidad.

Antes de escribir el prólogo a esta primera edición de bolsillo de *El Libro Rojo de la Publicidad* —que espero llegue a una audiencia más amplia—, he querido volver a leerlo para estar seguro que, lo que decía entonces, sigue siendo válido hoy. Y lo es, porque sigue siendo fundamental saber cómo se convencen consumidores, porque el conocimiento del producto es y seguirá siendo esencial, igual que los estímulos capaces de motivar seres humanos. Asimismo, la estrategia y la creatividad son básicas para diferenciarnos positivamente de la competencia y un buen *slogan* no tiene sustituto. La Prensa, la Radio, la Publicidad Exterior y la Televisión siguen teniendo un rol que cumplir, así como las Promociones, el Marketing Directo, las Relaciones Públicas, la Publicidad Corporativa y la Publicidad Institucional, sin olvidar la relación cliente-agencia, que está basada en los principios milenarios del comportamiento humano.

Cuando escribí *El Libro Rojo de la Publicidad*, pensé que el mayor defecto de algunos libros de mi profesión es que son coyunturales. Cuando la televisión se convirtió en el medio publicitario por antonomasia, muchos autores se aprestaron a escribir sobre ese nuevo medio y en lo que tenían que hacer los que hasta entonces habían realizado solamente publicidad gráfica y en radio.

También ahora, ya hay quien ha publicado algún libro sobre Internet. El primero lo leí hace dos años y hoy está totalmente obsoleto. La razón es que en vez de explicar lo fundamental, lo que difícilmente varía, muchos autores prefieren concentrarse en lo coyuntural, lo que es perfecto para un artículo periodístico pero inadecuado para un libro, que ha de pretender llegar al fondo de la cuestión.

Es cierto que desde 1994 hasta ahora han sucedido muchas cosas, y una de las más importantes es la revitalización de las marcas en el mundo.

Tras unos años de incertidumbre acerca del futuro de las marcas, y con voces agoreras que predecían su fin a manos de las promociones de precio y de las tiendas especializadas en descuentos, lo cierto es que hoy las marcas son más fuertes que nunca, hasta el extremo que para muchas compañías su mayor activo no es su patrimonio inmobiliario, o su maquinaria ultramoderna, o el dinero que puedan tener en los bancos. El mayor activo es, pura y simplemente, el valor de sus marcas.

En la Universidad de Harvard, donde se estudia dirección de empresas basándose en el «método del caso», es decir, analizando casos reales que han significado el éxito o el fracaso de importantes empresas, en la actualidad se analiza un caso en el que yo tuve la suerte de ser uno de los protagonistas.

Cuando en 1992, la entonces presidenta de Ogilvy & Mather, Charlotte Beers, reunió en un hotel de Viena a un reducidísimo grupo de directores de la compañía —de entre ellos solamente dos directores creativos, Robyn Putter, de Sudáfrica, y yo—, para darnos el encargo de hacer un estudio sobre si nuestro grupo debía apostar, o no, por el futuro de las marcas, no imaginó que el resultado llegaría a ser tan espectacular y que nos pondría automáticamente a la cabeza de las agencias de publicidad del mundo en el conocimiento de cómo construir y desarrollar una marca de éxito.

Este caso, que está traducido al castellano y que se estudia en el IESE, me motivó a escribir *El Libro Rojo de las Marcas*, que recomiendo leer después de este *Libro Rojo de la Publicidad.*

Si todo lo que dice *El Libro Rojo de la Publicidad* sigue siendo fundamentalmente válido hoy, y si el tema de las marcas ha justificado otro libro tan completo como éste, parece necesario que al menos diga algunas palabras, no coyunturales, acerca de Internet.

La revolución de Internet puede compararse a lo que un día significó la aparición de la Televisión. Algunos aseguraron, entonces, que la Televisión mataría a la Radio y a la Prensa y lo cierto es que la Televisión se ha hecho más importante de lo que muchos llegaron a imaginar, pero la Prensa y la Radio han seguido creciendo, es decir, el mercado de los medios de comunicación lejos de disminuir ha aumentado.

Con el nacimiento de Internet, no sólo ha nacido un nuevo canal de comunicación, ha nacido también un canal de investigación, un canal de venta y un canal de atención y de servicio al cliente. Con Internet ha nacido una nueva generación de consumidores; son aquellos críos que descubrieron la informática con el Spectrum y que ahora son consumados navegantes, que buscan, miran y compran utilizando su tarjeta de crédito. La televisión entró primero en la clase alta. Internet ha empezado por la gente más joven.

Ha nacido el comercio electrónico, donde lo más importante ya no es el dinero con el que uno cuenta, sino la imaginación que cada empresa sea capaz de desarrollar. En Internet una marca puede anunciarse y personalizar el mensaje para cada persona, según sus preferencias, llegando a la venta efectiva del producto en cuestión, y al cobro del mismo, por un medio, evidentemente, también electrónico. Ahora cualquier pequeña compañía puede poner su tienda y hacer llegar sus marcas y sus productos a quien desee comprarlos, esté donde esté la empresa y sus potenciales clientes.

Pero no hay que olvidar que la relación entre el producto, la marca y el consumidor, de la que tanto se habla en este libro, puede crearse y también destruirse en Internet con un solo clic.

En los comienzos de Internet, lo único que contaba era generar tráfico y visitas a una página web. Ahora todo el mundo coincide que lo más importante es que los visitantes repitan, y para ello nada mejor que la comunicación individualizada, la comunicación uno a uno, *one to one*, que llaman los americanos, la misma que ha hecho imprescindible, para muchas empresas, el marketing directo.

En un plan de comunicación de 360°, como lo entendemos

en todas las empresas Ogilvy del mundo, la marca tiene que hablar con sus consumidores, con una sola voz, en cualquier medio y en cualquier fase de esa relación.

Hay quien piensa que esto no es necesario y que es mejor contratar la Publicidad con unos, el Marketing Directo con otros y las Relaciones Públicas, las Promociones, la Comunicación Interactiva, la Imagen Corporativa, y por descontado los Medios, con empresas diferentes. Es como el que se compra la tela en un sitio, encarga la confección del traje en otro y compra por su cuenta los botones, la cremallera y también el hilo para coserlo. Las posibilidades de que todo coincida correctamente no son muy altas, pero si finalmente el traje no le va bien, ¿a quién reclamará? ¿Quién será el responsable?

La tarea de comunicar los valores de una marca con una sola voz, que sea la que motive al consumidor a comprar y a repetir la compra, no es fácil. Requiere especialistas de cada disciplina y generalistas que sepan coordinarlas todas, naturalmente también Internet.

Hace años, Lee de Forest, inventor de la Televisión, dijo: «Aunque la Televisión es técnicamente viable, comercial y financieramente no tiene sentido». No digamos lo mismo de Internet hoy.

Con Internet ha nacido una nueva oportunidad para todos los que conozcan los principios básicos de la relación entre un producto, una marca y sus consumidores.

Con ese conocimiento, podemos iniciar un viaje de exploración sin límites. El mundo en el que vivimos hoy será muy diferente dentro de unos años. Y tenemos por delante el privilegio y el reto de hacerlo realidad. Sólo necesitamos cargar bien la mochila, y si alguna de las cosas que digo en este libro sirve para ello, me sentiré plenamente recompensado.

LUIS BASSAT
Barcelona, febrero 2001

DOS PALABRAS DE DAVID OGILVY

Luis Bassat *es mi socio en España. Es uno de los mejores publicitarios del mundo.*

Es una rara avis: combina el genio creativo con una aguda perspicacia comercial.

Cuando hablo con Luis Bassat, toma nota de todo lo que digo. Así ha llegado a ser una autoridad en lo que vende y en lo que no. En televisión y en medios impresos. En este libro desvela sus secretos con pródiga generosidad.

No hace mucho, un periodista español me preguntó si no temía que Luis acabara siendo más importante que yo.

Le contesté: «Ya lo es».

DAVID OGILVY

INTRODUCCIÓN

1. El arte de abrir los ojos

Han pasado 16 años, pero lo recuerdo con bastante precisión. Un día vino a verme José María Usandizaga, ginecólogo vasco con el que me une una gran amistad. Su hijo acababa de sufrir una operación en los ojos. Todo había ido bien. Pero le preocupaba que el niño no los abriera todavía, por ese temor al dolor tan instintivo y tan humano. Y era vital que lo hiciera cuanto antes, para favorecer la cicatrización.

Aparenté no darle ninguna importancia al tema, y les invité a bajar al garaje para enseñarles la moto de montaña que me acababa de comprar. «*¿Habéis visto qué Montesa roja más bonita me he comprado? Es el último modelo.*»

No hizo falta añadir mucho más. Los ojos del niño José Mari se abrieron como por arte de magia. Sus ganas de ver la moto fueron superiores al dolor que durante tres días le había obligado a vivir a ciegas.

No soy psicólogo ni lo pretendo. Ni un encantador de serpientes. Ni un médico. Pero conozco al ser humano. Y supe adivinar que, para que el niño abriera los ojos, no había que pedírselo ni exigírselo. Ni tampoco argumentarle que así se curaría antes. Ni siquiera explicarle que, si lo hacía, vería la moto más fabulosa del mundo.

Había que olvidarse de los ojos por completo, y seducirle, convencerle de que se encontraba ante una moto realmente fantástica. Los ojos se abrieron solos, casi sin querer, de forma automática, como automática es la reacción de la gente ante la buena publicidad.

2. Una carrera de resistencia

Ningún alpinista ha empezado escalando el Everest. Al terminar de escribir este libro y leerlo por primera vez de un tirón, me he dado cuenta de que cada cosa, desde el primer folleto hasta la organización de las Ceremonias Olímpicas, ha llegado en su justo momento.

Eso que llamamos bagaje, el equipaje que cargamos siempre a nuestras espaldas, ha ido aumentando en la justa medida en que mis hombros aprendían a soportar su peso.

Como ejemplo, me gustaría destacar un caso inolvidable. Una asignatura pendiente, felizmente aprobada tras 24 años.

En 1967, y aprovechando una conversación con el Sr. Mario Botton, uno de los socios de Danone, que tenía una gran amistad con mi padre, me atreví a ofrecerle los servicios de Publicidad Venditor, mi pequeña agencia recién creada. «*¿Qué tendría que hacer para que Danone me diera la oportunidad de demostrar mi talento?*», pregunté con la ilusión de un joven convencido de sus posibilidades y la prisa de un recién llegado con ganas de pisar fuerte.

«Es inútil que vengas a ofrecer tus servicios ahora, Luis. Danone sólo ofrece sus campañas a las mejores agencias del país. O sea que lo tienes muy fácil, haz que la tuya sea una de ellas. Cuando lo hayas conseguido, seremos nosotros los que te vendremos a buscar.»

Seguí viendo al señor Botton durante años, y nunca más se me ocurrió volver a hablarle de publicidad. Ni tampoco a su hijo Mauricio. Ni al director general de Danone, Jordi Figueras. Me limitaba a trabajar y esperar.

En 1991, 24 años después, me llamaron de Danone. Era para citarme a una reunión. Querían una presentación de agencia. Nos habían seleccionado entre los mejores y había que demostrarlo.

Ganamos la cuenta de su gama de quesos. Pero lo más importante fue que logramos impresionarles con nuestro conocimiento del sector y del consumidor. Así fuimos escalando posiciones y ganando otras gamas de productos.

Cuando fui a ver al señor Botton para darle la razón, agradecerle el consejo y confirmarle que su pronóstico se había cumplido al pie de la letra, tuve la sensación de haber aprendido una gran lección.

La publicidad no es una carrera de velocidad sino una prueba de resistencia. Y ése es el mensaje que me gustaría transmitir a los jóvenes inquietos e inconformistas de hoy. Querer comerse el mundo no es malo, pero intentar hacerlo demasiado deprisa conduce a la indigestión.

El famoso traumatólogo José María «Pitu» Figueras me confesó una vez haber hecho más de mil operaciones de menisco y artroscopias. *«Sólo entonces puedes empezar a garantizar a un cliente que su rodilla quedará bien»*, afirmó con una seguridad aplastante.

El publicitario también necesita muchas horas de bisturí y quirófano para garantizar el éxito. Hay que ir paso a paso, aprendiendo de cada pequeño fracaso y de cada pequeño acierto.

A lo largo de 25 años de profesión, he tenido la suerte de ir acumulando la mayor de las riquezas, en forma de cientos de experiencias personales en la creatividad publicitaria. Muchas veces ayudado, y obligado, por el mejor estímulo posible, esa alta tensión de necesitar la idea para mañana sin falta.

Con el sano orgullo de un deportista, me gustaría mostrarles los goles que he marcado y los que no. Explicarles cómo, cuándo y por qué lo conseguí, o cuándo fracasé en el intento. Compartir, en definitiva, ese amor en común que nos ha hecho coincidir a usted y a mí, aquí y ahora, en este preciso punto y aparte.

3. Lo que hubiera pagado hace 25 años por leer este libro

Hace algunos años pude haberme dejado llevar por la vanidad, y publicar mi libro sobre la publicidad. Pero no lo hice.

El ejemplo de David Ogilvy era un estímulo, pero también un freno. En *Confesiones de un publicitario,* escrito en 1963, sentó las bases de la publicidad moderna, muchas de las cuales siguen siendo perfectamente válidas todavía hoy.

Años más tarde, cuando iba a publicar su último libro *Ogilvy y la Publicidad*, reunió en París a 14 directores creativos de distintos países, durante tres días, para poner a prueba sus ideas.

Me pidió que prologara la edición española y recuerdo que escribí: *«Ésta es la profesión más maravillosa que conozco, y en la que estoy por culpa, entre otras cosas, del primer libro de David Ogilvy»*.

Si debo hablar de mis maestros, David es siempre el primero.

Aunque la verdad es que yo aprendí publicidad desde niño oyendo a mi padre en casa. Para él, como empresario, la publicidad era sólo una pequeña parte de su actividad, pero su especial intuición para la comunicación era extraordinaria.

También debo agradecerle a Paco Izquierdo lo mucho que me enseñó. Nunca trabajé con él, pero teníamos una gran amistad personal, a pesar de la diferencia de edad. Salíamos a cenar con frecuencia, e inevitablemente acabábamos hablando de publicidad. Mejor dicho, él hablaba y yo le escuchaba.

Pocas veces he llorado tanto la muerte de un amigo.

Otra gran manera de aprender publicidad para mí fue traducir el libro de Kenneth Roman *Cómo Anunciar*. Adaptarlo a la realidad española fue un reto difícil, pero la experiencia fue realmente provechosa.

El Festival de cine publicitario SAWA, comúnmente conocido como Festival de Cannes, ha sido también un gran maestro para mí. Me autodiscipliné a anotar en los catálogos pequeñas frases, a veces una sola palabra, resumiendo el concepto de cada *spot,* y así nacieron los «caminos creativos» que explicaré con detalle más adelante.

Por descontado, los profesionales con los que he trabajado, dentro y fuera de España, directores creativos, redactores, directores de arte, directores de cuentas, de investigación, de medios, también me han ayudado y enseñado muchísimo.

Y por último, los primeros. Los clientes, de los que he aprendido lecciones extraordinarias escuchando sus éxitos, sus fracasos, y sobre todo, el comportamiento de sus consumidores.

Podría haber escrito mi libro, como he escrito docenas de artículos, a modo de reflexiones en voz alta sobre todas esas experiencias. Pero EL LIBRO que yo soñaba estaba todavía madurando, tenía que seguir creciendo.

Como suele decirse, sabe más el diablo por viejo que por diablo. Y aunque a mis 51 años no me considero viejo en absoluto, lo cierto es que llevar media vida dedicado a la publicidad enseña mucho.

De eso trata este libro. Tanto es así que, en algún momento, llegué a pensar seriamente en la posibilidad de titularlo *«Lo que hubiera pagado hace 25 años por leer este libro»*.

4. Cómo he escrito *El Libro Rojo de la Publicidad*

Un día, hace ya muchos años, abrí un archivador y le puse una etiqueta que decía «Mi libro». En él fui acumulando artículos, conferencias, ideas, experiencias, hasta que sin darme cuenta fue tomando un volumen considerable.

Cuando empecé a dar clases en la Universidad, me vi obligado a ordenar todo ese material por temas. Para entonces, ya no tenía un archivador, sino veinte.

Cada vez que preparaba una conferencia específica, un vídeo de presentación de un tema, o un artículo de fondo, acudía rápidamente a mi fuente de datos particular, y así fui redactando los primeros esbozos de capítulos.

Lo que yo había bautizado prematuramente como «Mi libro» se parecía, en efecto, cada vez más a un libro, pero su volumen se acercaba peligrosamente al de una enciclopedia.

¿Qué mantener y qué eliminar?

Cuatro ojos ven más que dos, y ser objetivo requiere siempre una cierta distancia. Así que pedí a un grupo de personas de la agencia, de toda mi confianza, que me ayudaran a revisar cada capítulo. El trabajo en equipo es esencial en publicidad, permite salir de dudas y evitar errores.

Tras su valiosa colaboración, entendí que había llegado el momento de darle la forma y el contenido definitivos.

Faltaban menos de seis meses para los Juegos Olímpicos y, convencido de que mi intenso pluriempleo no me dejaría mucho tiempo libre para redactar estas páginas como quería, decidí buscar ayuda de nuevo.

Fue entonces cuando contacté con Carles Capdevila, un periodista muy interesado en temas de publicidad, quien, en decenas de sesiones ante el magnetófono, ha tenido la habilidad de sacar de mí cosas que yo mismo tenía olvidadas y que, a fuerza de profundizar, han salido de nuevo a flote.

Repasando mis años de experiencia, reordenando el material, revisando bobinas con cientos de *spots*, empezamos a resumir, clasificar y distribuir todos los capítulos, cientos de anécdotas, decenas de argumentos, de ideas que mueven montañas.

Una vez escrito, con la tranquilidad de haber elaborado un buen material, hice lo que hago siempre cuando redacto un anuncio: pedirle a otra persona que lo revise, porque ser juez y parte es muy difícil.

En esta ocasión fue Esther Vicente, que empezó a trabajar

conmigo nada más crear Bassat & Asociados, quien me ayudó a revisar todo el libro, capítulo por capítulo. Y estoy seguro de que podríamos haber seguido haciéndolo por los siglos de los siglos.

Hasta que un día, hablando con el editor, éste me explicó que yo no era el primer autor, ni el último, que jamás daría por terminada una obra.

Tenía tanta razón que decidí leerlo, corregirlo y revisarlo por última vez, y estampar mi firma tras el punto y final del último capítulo. *Alea jacta est.*

Ya saben, ésta es mi pequeña historia y la pequeña historia del «cómo» y el «por qué» de este libro. El «qué» empieza en la próxima página, y con que lo disfruten la mitad de lo que yo he disfrutado escribiéndolo, me daré por satisfecho.

1

QUÉ ES LA PUBLICIDAD Y CÓMO FUNCIONA

El arte de convencer consumidores

1.1. La disciplina del Marketing en la que el arte vence a la ciencia

No sé si cada publicitario debe tener su propia definición de publicidad. Lo cierto es que a mí me obligaron a improvisar la mía en directo, en una entrevista de televisión. Mis neuronas trabajaron deprisa y rápidamente dije:

«La publicidad es... el arte de convencer consumidores.»

Como habrán adivinado, desde aquel día empecé a utilizar esta frase y, con los años, la he ido sedimentando hasta el punto de convertirla definitivamente en «mi definición».

Hago especial hincapié en la palabra arte, porque todas las disciplinas de Marketing poseen una fórmula mágica basada en una determinada proporción entre ciencia y arte.

Pues bien, de todas ellas, la publicidad es la que inclina más la balanza por el lado del arte. Aunque la ciencia esté allí, haciendo contrapeso, como un *álter ego* indispensable, impidiendo que las inquietudes artísticas eleven por las nubes al publicitario y lo alejen de la realidad del mercado.

Déjenme hacer una confesión. No soy genial, y diría que he

tenido la suerte de no serlo, porque la que fue, es y será mi gran pasión y profesión, la publicidad, no necesita genios.

Más bien premia al profesional con olfato y sentido común. Al que sabe tocar con los pies en el suelo y se guarda el gramo de locura creativa sólo para cuando es necesario.

Al que consigue resultados, al que hace sonar la caja registradora de sus clientes.

Y ahí va mi segunda confesión, sin falsas modestias. Creo haber sido un buen vendedor. Vender es un arte, un arte de hombres y no de genios. Porque tiene en la técnica a su mejor aliado, pero agradece como nadie esa chispa mágica que sólo le puede dar la intuición.

Mezcle unos gramos de intuición y algunos más de sentido común en una olla fabricada con las más avanzadas técnicas. Sométala a la presión del mercado. Los resultados pueden ser explosivos. Tal vez esté descubriendo la fórmula secreta de la publicidad eficaz.

Mi primera agencia de publicidad se llamó *Venditor.* Es el verbo vender, en latín. Llevo tres décadas vendiendo y esta experiencia me permitirá ilustrar con numerosos ejemplos todas las técnicas necesarias en la publicidad. En la cuerda floja del mercado, sólo el equilibrio entre ciencia y arte, entre investigación y creación, nos permite avanzar superando los riesgos de caer en el precipicio.

En realidad, mucho antes de fundar mi primera agencia, tuve la suerte de inventar *la publicidad*. Por supuesto que ya estaba inventada, pero cada uno tiene el derecho de reinventarla, por la propia evolución de sus ideas y necesidades.

Tenía 18 años, estudiaba Ciencias Económicas y conseguí mi primer empleo: vender televisores. La venta a domicilio iba a patrocinar mis estudios. Pero vender un enorme televisor Marconi en blanco y negro, a un precio realmente prohibitivo en aquel entonces, no era precisamente coser y cantar. De puerta en puerta, estuve a punto de convertirme en un coleccionista de noes.

Saber que si no vendes no cobras es uno de los mayores estímulos para la imaginación. Tomando un café en un bar (recuerdo todavía su nombre, Portofino) tuve una idea. La idea. El dueño me había comentado que cada día tenía lleno el bar, pero que los fines de semana los pasaba más solo que la una.

Como el mago que se saca la paloma de la chistera, le ofrecí uno de mis maravillosos televisores. No como un lujo, ni como una distracción para sus aburridos fines de semana, sino como una fuente de ingresos. Aquel televisor iba a abrir las puertas del bar a nuevos clientes.

Yo mismo me encargué de promocionar la iniciativa, con unas modestas tarjetas en los buzones del barrio invitando a los vecinos a disfrutar del fútbol del domingo desde aquel bar.

Una semana después, tanto el propietario del bar como yo mismo habíamos aprendido a valorar el precio de una idea. Mejor aún, yo descubrí que una auténtica idea vendedora no tiene precio.

Así descubrí la publicidad. Ofreciendo el producto oportuno, en el momento oportuno, al cliente oportuno, con el argumento oportuno. Aquello me valió mucho más que mi primera comisión.

Desde entonces no he dejado de hacer lo mismo. Hoy los televisores son en color, los empieza a haber de alta definición y en algunos hogares disponen de más de uno y más de dos. Pero vender sigue teniendo el mismo secreto. Con más sofisticación, si se quiere, pero con la misma esencia.

De ahí que nuestro arte, nuestra profesión, por especializada que sea, se reduzca a eso. Érase una vez un producto —o un servicio— y un consumidor. Ignoraban que llegarían a quererse, porque necesitaban una Celestina que los presentara. Esa Celestina es la publicidad. Quizás por eso, el amor y la seducción estén tan presentes en nuestras creaciones.

1.2. Cómo actúa el consumidor

La publicidad es el puente entre el producto, o el servicio, y el consumidor. Y tiene infinitas versiones. Puede ser un puente de piedra o de hierro, románico o de diseño ultramoderno, seguro o arriesgado, ancho o estrecho, y así sucesivamente.

La publicidad no es un camino a recorrer, sino un camino a trazar. No somos viajeros o alpinistas, sino ingenieros de puentes y caminos. Con permiso del poeta, podemos afirmar que en publicidad quizá se intuyen caminos, pero el verdadero camino se hace al andar.

Analicemos, pues, cómo funciona la publicidad a partir de las experiencias de sus paseantes, de los consumidores.

¿Cómo se comporta el consumidor? He aquí cinco observaciones sobre su actitud ante la publicidad que nos serán de una enorme utilidad. Permiten evitar errores de principiante y ahorrarse más de un disgusto.

A) El consumidor selecciona la publicidad

En Estados Unidos se estima que el promedio de exposiciones publicitarias a las que se enfrenta el consumidor puede llegar a las 2.000 diarias. En nuestro país no hay estudios tan precisos, pero se han calculado en más de un millar.

No es sorprendente, pues, que el consumidor busque a veces la manera de evitarla. Lo que ahora llamamos *zapping*, ha existido mucho antes de que los medios electrónicos lo facilitaran. También el ojo humano es capaz de saltarse los anuncios de una revista o periódico casi instintivamente.

El consumidor es hoy un experto en el uso de técnicas de selección para filtrar los impactos que recibe. Un ligero examen a los mensajes le es suficiente para decidir cuáles escogerá y procesará y cuáles ignorará sin concesiones.

Sólo hay dos grandes factores en juego en esta selección: sus necesidades, gustos e inquietudes del momento y nuestra capacidad creativa para ser relevantes y llamarle la atención.

De los mil impactos diarios, un consumidor normal llegará a recordar con precisión tres. Los restantes 997 intentos pueden ser estériles, así que la lucha por encabezar ese *ranking* no debe regatear esfuerzos creativos.

B) El consumidor espera de la publicidad información, entretenimiento y confianza

Como todo acto de comunicación, la publicidad halla su fuerza y su sentido precisamente en el destinatario. Debe estar dirigida a él, pensar en él, interesarle.

¿Cómo? Atendiendo a las tres cosas básicas que los consumidores esperan de nuestra publicidad: información, entretenimiento y confianza.

La información puede ser de muchos tipos. Puede consistir en lo más esencial, dar a conocer las características del producto. O ir algo más allá, para demostrar cómo actúa, qué hará en favor del consumidor o en qué es diferente de otros productos similares.

También se considera información útil otra más tangencial, pero que puede ser igualmente decisiva, como la referente a qué clase de personas usan esa marca, o quién es el fabricante, o el resultado de alguna encuesta sobre lo que más valoran los consumidores en ese producto.

Cuanto más se conoce al consumidor y sus necesidades, más cercana a él será la información.

El entretenimiento, por su parte, puede atraer al público y conseguir que éste disfrute mirando el anuncio, cosa del todo deseable. La investigación demuestra que cuando un anuncio gusta, vende más.

Con todo, muchos anuncios no hacen otra cosa que entretener. Algunos llegan al extremo de estar tan ocupados en ser atractivos que se olvidan de explicar a los espectadores de qué les sirve el producto. Y esta caída en picado hacia el mundo del espectáculo puede ser mortal, si no se protege con las redes de seguridad de la información y la confianza.

En la vida es fantástico tener amigos de verdad, amigos en los que puedes confiar a ciegas. La confianza no es algo que se improvise. Es difícil y lenta de conseguir y fácil de perder. Requiere seriedad, perseverancia... y años.

En publicidad, la confianza no se gana a base de impactos, sino a base de un proceso gradual. La confianza total sólo llega como resultado de pequeñas confianzas parciales que se van concediendo a los productos.

Que alguien crea en nuestro producto y lo compre una vez significa que empieza a prestarnos su confianza, pero nos obliga a no defraudarla. Precisamente se ha demostrado, a base de investigaciones, que cuando alguien compra un producto una vez se pone en mejor disposición a prestar su atención a la publicidad sobre este producto, porque siente una imperiosa necesidad de demostrarse a sí mismo que la elección ha sido acertada, y que merece la pena usar el producto. El proceso de confianza no ha hecho más que empezar.

C) El consumidor no es fiel a una sola marca: selecciona entre una variedad

Quizás la nuestra sea una historia de amor, pero no dura toda la vida. El supermercado no es un templo donde los matrimonios se bendigan para la eternidad. La fidelidad es una utopía en un mercado donde comparar es un verbo conjugado con facilidad.

Andrew Ehrenberg, de la London Business School, demostró, más allá de toda duda, no sólo que los compradores de una marca compran también otras marcas de la misma categoría, sino que en la mayoría de productos de alimentación, sólo el diez por ciento de los compradores de una determinada marca adquieren exclusivamente esa marca a lo largo de todo un año.

Su investigación le permitió concluir que cada consumidor tiene un repertorio de marcas. Cada una de las cuales puede ser intercambiable con las demás, porque probablemente cada una de ellas es comprada regularmente por él. Las que no aparecen en su repertorio particular son percibidas como no aceptables.

Por tanto, el primer objetivo de la publicidad es conseguir que nuestra marca aparezca en esa *short list*, en esa restringida lista privada de marcas preescogidas. Cualquier otra cosa será predicar en el desierto.

Y éste es un aviso muy importante para nuevas marcas con pretensiones de introducirse en el mercado. La inmodestia hace que a veces estos «forasteros» o recién llegados olviden su condición y pretendan seducir desde su primera aparición en público.

El mejor consejo es ascender peldaño a peldaño. Que se fijen en nuestra marca será el primer éxito. Una vez haya accedido al escenario, deberá acostumbrarse a compartir los aplausos con las otras estrellas, procurando tener más admiradores que sus rivales. Sólo así podrá llegar a ser la *prima donna*.

D) El consumidor busca información si el riesgo es alto, y encuentra en la fidelidad la compra segura

Hay productos cuya decisión de compra está asociada a cierto riesgo, como por ejemplo los automóviles por su precio, o los alimentos infantiles por la responsabilidad que conlleva su elección. Cuanto mayor es el riesgo, más extensiva es la búsqueda y más probable es que el consumidor preste atención a varias fuentes de información, incluyendo la publicidad.

La publicidad no debe defraudar. Y no me refiero a defraudar las expectativas creadas con el producto, aunque también sea éste uno de los pecados más graves que se cometen, sino de algo incluso anterior en el tiempo. Hablo de no defraudar al consumidor preocupado por el riesgo que debe tomar, ansioso de encontrar información y argumentos contundentes en nuestras comunicaciones.

El reto del publicitario es trabajar a medida. Y cuando se hace para un producto nuevo o de alto riesgo, o para una nueva marca, informar es anterior a seducir. Hay diversos tipos de riesgo, como el de empleo (en productos como herramientas o pesticidas), el de cumplimiento de expectativas (en productos de alto precio como los coches, los electrodomésticos o las vacaciones), o los riesgos psicológicos (en productos de consumo que suponen ostentación de marca, como los de moda, las bebidas alcohólicas, los cigarrillos, etc.).

Ser consumidor no es una profesión que exija dedicación exclusiva. Todos ejercemos de consumidores y todos tomamos decisiones de compra, pero ni el tiempo ni nuestras otras vocaciones y ocupaciones nos permiten ser absolutamente rigurosos y coherentes en nuestras elecciones diarias.

De ahí que uno de los argumentos que puede ayudarnos a conseguir la fidelidad del comprador es su costumbre. El bombardeo de novedades ya se encargará de eliminar las rutinas, pero el instinto conservador hace que, en determinadas compras, se imponga la elección práctica y segura. La que evita riesgos y gana tiempo.

Conocer esta actitud será tan útil para la marca establecida —que deberá concentrar sus esfuerzos en reforzar los hábitos de compra— como para la marca nueva, cuyo objetivo será romperlos.

E) La publicidad que más gusta vende más

He guardado para el final una quinta observación sobre uno de los temas que más ha preocupado, y preocupa, a los investigadores de la publicidad: la relación entre el anuncio que vende y el anuncio que gusta, entre belleza y eficacia, entre espectacularidad y resultados.

Lo haré al amparo de una investigación realizada por el grupo Ogilvy & Mather en 1990 y cuyas conclusiones, bajo el sugerente título de *Love the Ad. Buy the product?* (Te gusta el anuncio. ¿Compras el producto?), nos sacaron de algunas dudas que parecían eternizarse.

La primera revelación, muy impactante, fue que una simple escala de los *spots,* clasificados en el orden en que gustaban a los espectadores, permitía adivinar el 87% de las compras. O sea, que la relación entre «te gusta el anuncio» y «¿compras el producto?» era realmente grande.

¿Por qué la publicidad que más gusta vende más?

Es una pregunta que mereció dos profundos estudios. El primero buscó la relación directa entre preferencias publicitarias y compras finales, y el segundo se dedicó a analizar los factores que hacían que un anuncio gustase más que otro.

Se estudiaron 73 *spots* de televisión proyectados en Estados Unidos, en un mismo período de tiempo, en horas de máxima audiencia. Estos 73 *spots* recogían 57 productos que se podían clasificar en 11 categorías distintas. Un total de 895 consumidores, que realizaron 1.555 observaciones, sirvieron como muestra representativa.

Las preferencias de los consumidores sólo se pudieron clasificar en tres grandes grupos: los entusiastas de un anuncio, aquellos a los que les gustaba bastante, y los que lo consideraban normal, ya que sólo un 3% de observaciones se definían en contra de un anuncio. Esto impidió investigar la relación entre el hecho de que no guste un anuncio y sus ventas, pero permitió matizar algo más el efecto entre los que lo encontraban fascinante.

Así pues, se formó un grupo con un 28% de encuestados, a los que un determinado anuncio «les gustaba muchísimo». El segundo grupo reunía a un 30%, a los que «les gustaba bastante». Y el tercer grupo reunía al 34% de consumidores que se declaraban «neutrales» ante un determinado *spot.*

Los resultados no pudieron ser más reveladores. Sólo el 8,2%

de los «neutrales» cambiaban de preferencia a favor de la marca anunciada, mientras que el porcentaje entre aquellos a los que el *spot* «les gustaba bastante» subía ya al 9,5%, y se situaba en un 16,2% entre aquellos a los que «les gustaba muchísimo».

La conclusión era clara: el anuncio que más gusta vende más. Y cuanto más gusta, más vende. La publicidad atractiva es, en consecuencia, más persuasiva.

Pero ¿qué hace que un anuncio guste al consumidor? ¿Su credibilidad?, ¿su inteligencia?, ¿su sentido del humor?, ¿su espectacularidad?

Esto requirió otro estudio. Se practicó con 80 *spots,* proyectados también en horas de máxima audiencia. Para clasificarlos, se realizó una lista de 25 adjetivos agrupados en cinco grandes categorías:

1. Por su grado de ingenio: imaginativo, inteligente, divertido, tonto, despierto.
2. Por su energía: vivo, veloz, llamativo, bien hecho.
3. Por su significado: memorable, eficaz, difícil de olvidar, profundo, verdadero, creíble, convincente, informativo.
4. Por su grado de cordialidad: gentil, sensible, cordial.
5. Por su adecuación: poco visto, original, no irritante, familiar, verídico.

La primera conclusión fue que el producto anunciado contribuía decisivamente a que el anuncio gustara o no. Los anuncios de comida y bebida tuvieron un 25% de respuestas óptimas («me gusta mucho»), mientras que los anuncios de medicinas o seguros obtuvieron un 32% de respuestas «neutrales».

Profundizando ya en por qué gustaba o no un determinado *spot,* se establecieron dos categorías: productos de alimentación y otros productos.

Factores decisivos del porqué gusta un *spot*

	Alimentación y bebidas	Otros productos
El significado	71%	54%
La energía	50%	36%
El ingenio	28%	23%
Adecuación del mensaje	24%	52%
La cordialidad	18%	22%

Resultados de la investigación «*Love the Ad. Buy the product?*», realizada por el Grupo Ogilvy & Mather, en 1990.

Las cinco explicaciones que se derivaron a modo de conclusión son:

1. Los anuncios que gustan más son más vistos. Y esto garantiza la difusión de nuestro mensaje, porque si el anuncio no gusta se ve condenado al *zapping* casi inmediato cuando aparece en pantalla.
2. La personalidad de la marca ayuda a que el anuncio guste. Es una relación permanente y de dos sentidos, en la que el anuncio refuerza la personalidad de la marca, y a su vez se alimenta de ésta.
3. Si el anuncio gusta, es más memorable. Los mecanismos de la memoria se activan con mayor facilidad y eficacia si al espectador le gusta lo que está viendo.
4. El afecto se traspasa del anuncio a la marca. Que nuestro anuncio guste significa que la marca será percibida con mayor afecto y confianza por el consumidor.
5. Cuando algo gusta, activa una respuesta de gratitud. Que un anuncio sea atractivo y el receptor lo valore crea una actitud de agradecimiento y de identificación con esa marca, por coincidencia de gustos y estilos, que puede conseguir la venta.

1.3. Vender hoy y construir la marca para mañana

¿Qué busca la publicidad? ¿Qué persigue? ¿Por qué es imprescindible? ¿Qué posibilidades ofrece a las marcas?

El objetivo número uno de la publicidad es vender, conseguir resultados a corto plazo. Lo primero que debe conseguir la campaña es que el consumidor se dirija al comercio y compre. Pero hay algo más: la publicidad debe vender hoy y ser capaz de contribuir a construir una marca para el mañana.

No hay que olvidar que una buena marca cada vez vale más. Y es perfectamente posible hacer campañas muy vendedoras que, además, trabajen a medio y largo plazo construyendo esa marca que un día puede y debe hacerse inexpugnable a la competencia.

A) Las inversiones en comunicación deben ser rentables a corto plazo

El hecho es que, en un contexto cambiante como el nuestro, los anunciantes valoran, mucho más que nunca, que sus gastos en comunicación, ya sea en publicidad, promoción de ventas, relaciones públicas, marketing directo o *sponsoring*, sean rentables a corto plazo.

Han pasado los tiempos en que se podía convencer a un empresario de que su medio plazo eran cinco años y su largo plazo una década.

La verdad es que hoy hay empresarios para los que su largo plazo es un trimestre, su medio plazo es un mes y su corto plazo, esta misma semana. Y el resto, para ellos, es soñar.

La recesión económica mundial obliga a medir cada día más la eficacia de las inversiones en publicidad. Si los consumidores se retraen en sus compras y las cifras de venta caen, sólo podrá sobrevivir la verdadera publicidad al servicio del producto, la publicidad que vende.

B) El secreto es trabajar lo más cerca posible del cliente, desde el principio

Una de las claves, uno de los principios fundamentales que nos permitirán vender y ser rentables es trabajar junto al cliente desde el principio. El procedimiento de trabajo más frío y formal, en el que el cliente da un *briefing* para que al cabo de unas semanas la agencia le presente la campaña resuelta, está condenado a muerte.

Tampoco la fórmula del concurso puede ser considerada, de ninguna manera, un camino que nos lleve a una publicidad más eficaz. Falta, por definición, esa intensa relación que debe establecerse desde el principio entre cliente y agencia, que les una de la mano en un objetivo común. Cliente y agencia deben trabajar sin secretos, en un clima de absoluta confianza.

Es imposible que en una sola reunión se obtenga tanta información como será necesaria para gestar una campaña verdaderamente eficaz. Hay matices muy decisivos que aparecen sólo después de haber trabajado juntos largas horas.

El objetivo es evitar todo aquello que nos haga perder oportunidades.

Debemos tener claro lo que no hay que hacer, cuál es el proceso que nunca nos conducirá a una publicidad eficaz.

Es aquel en que el cliente da un *briefing* al director de la cuenta. El director de la cuenta lo pasa al equipo creativo de la agencia. Este equipo creativo propone sus ideas al director de la cuenta, para que sea él quien juzgue, valore, apruebe o desapruebe estas ideas, haciendo un filtro previo a la presentación que hará él mismo al cliente.

En todo este proceso tan complicado, tan frío y tan alejado del cliente, está claro que se desperdician un montón de oportunidades. En esta primera parte del trabajo deberían estar involucrados todos. Y cuando digo todos me refiero a todo el equipo humano que tendrá carácter ejecutivo o decisivo en el desarrollo de la campaña. Desde la máxima representación del cliente, que posteriormente deberá aprobar la campaña con su director de marketing, hasta el director creativo de la cuenta, pasando por los *product managers*, el director y el ejecutivo de cuentas, *los planners*...

En nuestra agencia lo llegamos a hacer, en algunos casos, desplazándonos fuera de nuestros despachos durante todo un día. Un hotel cercano a Madrid o Barcelona puede ser un buen escenario para sesiones largas e informales, con pausas que se aprovechan para tertulias, o charlas de las que puede surgir la mejor idea.

Para encontrar soluciones, hay que conocer a fondo el problema.

Por eso, es en el momento del *briefing* cuando los cerebros de la agencia deben exprimir toda su materia gris en beneficio del cliente. Es una pena desaprovechar su capacidad estratégica pasando un *briefing* cerrado, que no dé más opción que la de buscar una solución, sin haber entrado de lleno en el problema. Una idea puede mejorar el *briefing*.

Desafortunadamente, muchas agencias se involucran tan sólo en el estudio final, cuando una gran parte del planteamiento estratégico ya ha sido realizado. En muchas ocasiones el creativo tiene que hacer auténticos malabarismos para encontrar una expresión creativa que responda a un posicionamiento previamente impuesto. Se le pide a la agencia que sea responsable del resultado cuando no ha podido ser responsable del posicionamiento.

¿Cómo se puede responsabilizar de algo a alguien que no ha intervenido en la fase más decisiva de su gestación?

Nadie debe ver aquí una crítica a la labor de los directores de marketing de algunas compañías. No es que no trabajen bien, ni mucho menos. Tampoco se pone en duda su capacidad para diseñar posicionamientos del producto desde su amplio conocimiento sobre la compañía. Pero todo puede ser mejorado, y una visión de marketing desde la agencia tiene otros valores nada despreciables. Desaprovechar oportunidades es un lujo que casi ninguna empresa puede permitirse hoy en día.

Vale la pena invertir en crear un clima propicio al parto de una idea vendedora. Nosotros organizamos sesiones de revisión de marca, *Brand Reviews*. A mí me gusta asistir a ellas personalmente y convencer a los directores generales y máximos responsables de las empresas anunciantes para que también asistan.

Su objetivo es establecer entre todos unas coordenadas que definan el campo de acción creativo. Sin restricciones gratuitas que a veces se imponen simplemente por una actitud defensiva, conservadora, por falta de información, por ese pánico al riesgo propio de quien no controla lo que tiene entre manos.

Invirtiendo muchas horas de estudio y de discusión, y tomando todas las precauciones necesarias, tendremos sólo un riesgo calculado. Y ésa es la gran oportunidad para impactar, sorprender y vencer. Para convencer y vender, que de eso se trata.

C) Hay que analizar a fondo la información para descubrir los caminos de la eficacia

En Ogilvy & Mather escribimos todas nuestras experiencias. Quizá porque el fundador de la compañía, David Ogilvy, era un excelente redactor, la verdad es que nunca nos ha dado pereza escribir.

Analizando la información recogida durante décadas y esas experiencias con los mejores clientes del mundo, podemos ahora saber cuáles son las estrategias que producen una publicidad más eficaz, las que venden y las que no.

Que el equipo creativo de la agencia se involucre desde el principio en la investigación y en la definición de la estrategia será algo básico. Es la garantía de que dará lo mejor de sí mismo para encontrar la solución creativa adecuada.

El objetivo es descubrir aquella información vital que puede contener la solución, que puede convertirse en una idea vendedora.

Es imposible que en un *briefing* se transmita toda la información. Por maravilloso que sea éste y por brillante que sea quien lo haya redactado. Para pescar bien hay que lanzar las redes mucho más a fondo. La agencia debe ser activa desde el primer *briefing*.

1.4. La creatividad en todo el proceso

Todo cliente tiene tres grandes oportunidades para disponer de la creatividad de la agencia:

A) **A nivel de producto**, cuando éste está en proceso de creación, diseño, estudio o fabricación.
B) **A nivel estratégico** o de posicionamiento del producto y de estudio del consumidor.
C) **A nivel de la ejecución o comunicación publicitaria**, en la creación y difusión de la campaña.

A) El producto: cuanto más deseable, mejor

En este primer nivel todo resulta mucho más fácil si el cliente nos presenta un producto más deseable que el de la competencia. Más deseable significa más ventajoso. Insisto en el adjetivo deseable porque es la síntesis de calidad, presentación, imagen, oportunidad y precio.

En este caso la idea es informar, explicar los beneficios que el producto reportará al consumidor, y hacerlo de la manera más memorable posible. Cuanto más ingenioso es el producto, menos necesario es que lo sea su publicidad.

He visto a demasiados creativos esconder realidades vendedoras bajo montañas de arte irrelevante o de juegos de palabras indescifrables.

Sin embargo, uno de los problemas más importantes con que nos enfrentamos es el nacimiento de tantos productos iguales, debido a que cuando hay segmentos que crecen, muchas compañías se suben al carro, limitándose a crear productos «*me-too*» (yo también).

Me merece todos los respetos la empresa líder en un sector que aprovecha su impulso para colocar nuevos productos, pero aquellas empresas que se limitan tan sólo a imitar de manera oportunista, dudo que puedan ser rentables. Lo verdaderamente rentable es luchar por un puesto en el mercado, con personalidad propia.

B) El posicionamiento: hay que descubrir la diferencia relevante

Para descubrir el posicionamiento correcto se requiere que lo conozcamos todo sobre el producto.

Ésta es una oportunidad que muchas veces las agencias olvidan, y que en otras ocasiones el cliente olvida compartir con la agencia. Debemos interrogar al producto hasta que confiese todas sus características vendedoras para descubrir la diferencia más relevante que podamos usar, para hacerlo más deseable.

Hay decenas de casos en que se ha demostrado que un trabajo creativo en el posicionamiento estratégico, no sólo ha contribuido a dar un nuevo sentido a algunas marcas, sino que las ha renovado, les ha dado una nueva vida. Ésta es, posiblemente, la parte más importante de todo el proceso.

La capacidad estratégica de la agencia, a la que se apela en el lanzamiento de nuevos productos o en la resurrección de productos obsoletos, debe ser aprovechada siempre.

C) La ejecución creativa: persuadir y distinguir a través de la publicidad

Puede ocurrir que la empresa no nos dé un producto único y que no haya habido forma humana de hacer confesar a este producto virtudes o características que lo hagan más deseable, que le den personalidad, que lo distingan y lo desmarquen.

Es lo que conocemos como la igualdad de productos. Una

encuesta a 4.200 consumidores en 28 países, sobre 13 categorías de productos, reveló que dos terceras partes consideraban a muchas de esas marcas exactamente iguales: es el síndrome de la percepción de igualdad entre marcas.

Ahí tiene mucho trabajo que hacer una agencia. Al enfrentarse a productos iguales, la única solución es explicar las virtudes del nuestro, de una manera más persuasiva, mucho más que la de los competidores, dotándolo de personalidad a través de su publicidad, consiguiendo que ésta sea un valor añadido importante.

El papel de la publicidad sigue siendo informar y convencer, pero también seducir y persuadir.

Las técnicas han evolucionado, y la necesidad y conveniencia de la creatividad en la ejecución publicitaria es hoy ya incuestionable. Para que esta creatividad sea verdaderamente eficaz necesitamos que esté al servicio del producto y su estrategia, de una idea vendedora; que comunique y que sea atractiva, que no aburra.

Durante algún tiempo, no había garantías de que la publicidad que gustaba al espectador fuera, además, vendedora. Como ya hemos visto, hoy hay estudios rigurosos que demuestran que la publicidad más atractiva consigue motivar al consumidor para que compre. Existe una relación directamente proporcional: cuando el anuncio gusta más, vende más.

Desafortunadamente, no hay ninguna fórmula mágica para crear una gran campaña de publicidad, especialmente en casos de igualdad de producto, pero sí hay unos principios generales para evitar caer en errores y unos caminos creativos para avanzar hacia el éxito, que más adelante analizaré con ejemplos.

D) La difusión de la campaña: donde se invierte la mayor parte del dinero

Durante muchos años, de lo último que se hablaba en las presentaciones de campaña al cliente era del Plan de Medios.

Recuerdo que Jesús Muñoz, entonces nuestro Director de Medios, había desarrollado una especial habilidad para resumir sus presentaciones, que, por el hecho de ir al final, casi siempre disponían de menos tiempo del previsto.

Pero hoy en día esto ha cambiado. Muchos de los clientes quieren saber, antes que nada, cuál es el punto de vista de la agencia acerca de la difusión de la campaña. En definitiva, dónde, cuándo, y de qué manera invertir su dinero.

Conocer bien las características de los diferentes medios es fundamental, como se verá en los cuatro capítulos de este libro dedicados específicamente a prensa escrita, radio, televisión y publicidad exterior.

1.5. Los beneficios sociales de la publicidad

Hoy la publicidad ya está asumida por la mayoría de nosotros, porque se ha integrado totalmente en nuestras vidas y forma parte de lo más cotidiano. Quizás más que una crítica frontal como la que superó en sus inicios, hoy encuentra su principal oposición en quienes se sienten saturados por ella.

El mayor defecto de la publicidad actual es que hay demasiada. Y esto es algo que no sé si se arreglará, o no, con el tiempo.

La publicidad no es perfecta, por supuesto. Ni mucho menos. Es real como la vida misma. Nace a imagen y semejanza del hombre y de sus usos sociales. Como espejo fiel de nuestra sociedad, es lógico que no le falten defectos.

Pero al margen de cómo funciona la publicidad y de todos sus mecanismos, que serán objeto de este libro, me gustaría dejar constancia en este primer capítulo, de algunos beneficios sociales de la publicidad, que precisamente por tener ya asumidos, no reconocemos, pero que son decisivos en nuestras vidas de hoy.

Debo advertirles que lo que leerán a partir de ahora podría

ser considerado publicidad, porque será una relación de argumentos que indican hasta qué punto influye positivamente la publicidad en la evolución social.

Espero que estos beneficios se puedan valorar incluso como una buena publicidad de la publicidad. Porque la buena publicidad puede consistir tan sólo en eso: argumentar y convencer.

A) La publicidad mejora la relación calidad-precio

Publicidad, marketing y competencia son responsables directos de que los precios hayan bajado. Un ejemplo moderno de ello son los viajes *forfait*. Gracias a la publicidad la gente viaja más, y hacerlo está cada día más al alcance de todos los bolsillos.

Otro ejemplo es el de los servicios de los abogados americanos. Desde que se levantó la prohibición de anunciarlos, se disparó la competencia. Ya lo anunciaba *The Economist* en 1978: «El uso de una publicidad poco sofisticada y hecha en casa por menos del 3% de todos los abogados ha sido suficiente para iniciar una revolución en el mundo del derecho. El coste de servicios como testamentos o divorcios se ha reducido a la mitad».

B) La publicidad promueve la innovación

Fibras artificiales, máquinas de escribir electrónicas, sartenes antiadherentes, hornos microondas, ordenadores personales, tarjetas de crédito, vehículos con frenos de disco, dirección asistida y ABS. Todos ellos fueron una novedad, una novedad con unos costes enormes. Sólo después de pasar la prueba de fuego del mercado, a través de la publicidad, pudieron ser comprobados y aceptados por nuestra sociedad. La respuesta masiva ante sus ventajas ha permitido mejorarlos y rebajar sus precios para ponerlos al alcance de una mayoría.

C) La publicidad desarrolla la libertad de elección

Dice la Asociación Europea de Agencias de Publicidad: «La publicidad desarrolla y potencia la libertad de elección, derecho considerado como la esencia de la democracia». Fernando Romero, consejero delegado de Bassat, Ogilvy & Mather en Madrid, escribe en su ensayo *El derecho a elegir*: «El Marketing es una viva expresión de la democracia. En las manos del comprador está la decisión de la elección. Día a día está refrendando con sus actos el camino del éxito y del fracaso de los políticos y los productos. Podríamos decir que con sus compras diarias está votando, igual que podríamos decir que con su voto cada cuatro años está comprando. Comprando ideas, esperanzas, proyectos. Y, sobre todo, ejerciendo su derecho a elegir».

D) La buena publicidad forma e informa al consumidor

La publicidad de tabaco y alcohol es un tema de debate constante. Cierto es que la publicidad afecta a los hábitos de consumo, pero puede hacerlo en ambos sentidos. Como elemento de información pública, también los mayores avances en sensibilización de la sociedad sobre los problemas derivados de abusos del tabaco y alcohol se han debido a campañas publicitarias. He tenido la oportunidad de dirigir campañas institucionales en este sentido, como esta de la Generalitat de Catalunya *«No te engañes, esto no es vida»*, advirtiendo de los peligros, no de su consumo, pero sí del abuso, del alcohol y del tabaco, así como de la conveniencia del ejercicio físico y de una alimentación sana.

El aumento muy considerable de consumo de productos ilegales —y por consiguiente no publicitados— como las drogas duras, ha movido a los gobiernos a recurrir a los mejores publicitarios para lanzar campañas informativas y de concienciación de los jóvenes y de los grupos de mayor riesgo. La publicidad se ha revelado como uno de los instrumentos efectivos de formación y prevención del consumidor.

E) La publicidad puede revolucionar hábitos sociales

La publicidad no hace sino recoger los usos sociales. Como muy bien dijo Néstor Luján en uno de sus artículos periodísticos, «la publicidad es un reflejo de nuestras costumbres».

La publicidad ha fomentado el uso de soluciones domésticas prácticas en plena revolución familiar por la incorporación femenina al trabajo. También ha conseguido adelantarse a los acontecimientos, como les contaré al hablar de Prénatal, un anunciante muy querido por mí con el que conseguimos que los papás se sintiesen orgullosos de cuidar a sus bebés. La buena publicidad trabaja a favor de la corriente y, en muchos casos, su afán innovador hace que incluso se adelante a los cambios anunciados y propicie o empuje avances sociales.

La publicidad es un instrumento de progreso, de comunicación, hecho a medida de las necesidades del hombre y con unas enormes posibilidades de mejorar nuestra calidad de vida. Como todo instrumento, puede sufrir usos indebidos, pero sus beneficios sociales son extraordinarios.

2

EL PRODUCTO, LA ESTRELLA DE LA COMUNICACIÓN

Hay que interrogarlo hasta que confiese su gran argumento de venta

2.1. Del buen producto al producto mejor

Un producto es todo aquello que posee la propiedad de ser apto para satisfacer, directa o indirectamente, una necesidad humana.

El producto es, pues, lo que una campaña publicitaria tiene que vender.

Sin embargo, algunos publicitarios olvidan con frecuencia esta afirmación. En el producto residirán las claves de nuestro éxito o nuestro fracaso, y nuestra primera obligación es conocerlo.

El objetivo evidente es anunciar productos que el consumidor precise y que puedan venderse a un precio que esté dispuesto a pagar. Si no existe tal situación, o no se produce en las proporciones deseables, les aseguro que es más fácil cambiar el producto que el público.

Siempre es más económico descubrir lo que el consumidor necesita y servírselo.

Nuestro reto, creativo y apasionante, es vender productos o servicios. Y ahí empieza nuestra historia. Lo primero que necesitamos es algo que vender. Érase una vez, pues, el producto.

El propósito de este capítulo es analizar las funciones y objetivos que debe cumplir el estudio del producto para su lanzamiento publicitario.

Pero, antes de entrar en ello, permítanme que les anuncie un principio básico, previo a cualquier estrategia de publicidad:

La mejor inversión publicitaria en un producto es mejorar el producto.

A esta noble e imprescindible misión debería dedicar cualquier empresa la primera parte del presupuesto.

Todo producto es mejorable, a veces con una facilidad pasmosa, y hacerlo antes de lanzar cualquier campaña es siempre lo más rentable para el cliente.

La buena publicidad y los buenos productos suelen ir juntos. Los productos de buena calidad pueden triunfar con una publicidad regular, pero los productos malos fracasan aun con buena publicidad.

Por consiguiente, antes de anunciarlo, hay que asegurarse de que se tiene un buen producto. Si la respuesta es afirmativa, sólo necesita un esfuerzo más para convertir ese buen producto en un producto mejor, y ya se podrá empezar a trabajar en su publicidad.

Un buen producto no tiene por qué ser el producto líder de su gama, ni el más caro, ni el de la marca más famosa. Pero no debe avergonzar jamás al publicitario, ni obligarle a mentir. Nunca he aceptado ni aceptaré un encargo así, tanto por ética como por pragmatismo.

Un anuncio falso puede funcionar para una primera venta, pero a la larga el consumidor se rebelará contra el producto. Preferiría tener en mis manos un producto mejorado y menos presupuesto de publicidad, antes que un gran presupuesto y muy poco que prometerle al consumidor.

Hoy en día, es imposible publicitar un producto sin tener fe en él. Algo esencial en esa bondad del producto es su relación precio-calidad, porque es ahí donde radican la mayoría de argumentos de venta. Precisamente, son argumentos de venta y ventajas diferenciales lo que debemos buscar. Y cómo no, encontrar.

A) Protagonista de nuestra comunicación

La creatividad debe aplicarse ya en el mismo producto en lugar de reservarla exclusivamente para su publicidad.

No me imagino la campaña de lanzamiento de un hipotético coche que funcionara con agua en vez de hacerlo con gasolina, utilizando complicados juegos de palabras y dobles sentidos.

El publicitario debe concentrar todos los esfuerzos y toda su creatividad en la tarea vendedora: comunicar de la forma más eficaz los argumentos de venta del producto.

Después de dos décadas en que la saturación de productos y el mimetismo han llevado a la publicidad a un encasillamiento en los llamados estilos de vida, se impone un regreso a lo básico.

Hasta hace poco, la mayoría de anunciantes pretendían que lo distintivo fuera su comunicación. La ausencia de auténticas ventajas en el producto obligaba a buscar su salvación en la ejecución publicitaria.

Pero se llegó a abusar tanto en este empeño de dotar de personalidad a los productos basándose en los estilos de vida de los consumidores, que al final también éstos eran cada vez más parecidos.

Por fin hemos dado un gran paso adelante: redescubrir el producto, pero desde la perspectiva del consumidor. Ahora debemos basar nuestra comunicación en argumentos racionales y emocionales distintivos del producto, para atraer al perfil de consumidor que queremos.

Nuestro trabajo es descubrir esa característica diferencial que lo distingue de la competencia de forma positiva, y que podemos encontrar en:

— Su composición.
— Su aspecto o presentación.
— Su forma de uso o aplicación.
— Su envase o embalaje.
— Su precio.
— Sus condiciones de venta.
— Su forma de distribución.
— Su servicio.
— Su resultado, efectos o rendimiento.

La campaña debe basarse en las diferencias del producto, debe ayudar al consumidor aportándole argumentos que apoyen su elección. Ya apuntaba Roser Reeves, en su libro *La realidad en publicidad,* que lo más efectivo para una campaña era tener una única proposición de venta.

Felices aquellos tiempos en que el problema era tener un producto con 14 ventajas respecto a sus competidores. Enunciarlas todas podía ser un error, porque era imposible que se recordaran. Apostar valientemente por una de ellas se consideraba, ya en aquel entonces, mucho más efectivo que saturar al consumidor.

Hoy las tesis de Reeves siguen siendo válidas. Lo son más que nunca, pero con el agravante de que la evolución tecnológica hace cada día más difícil encontrar ventajas contundentes respecto a los competidores. Nuestra difícil tarea es identificar una única proposición de venta que sea relevante.

Idealmente, debería ser una ventaja exclusiva del producto que lo distinga y desmarque de la competencia. Pero cuando no existe tal ventaja, no queda otra alternativa que buscar una característica común con otros productos, que nadie haya destacado hasta entonces, y convertirla en motivo de la campaña.

A simple vista esto puede parecer grotesco, pero la experiencia demuestra que no podemos anunciar productos anónimos, y que esa personalidad que buscamos y necesitamos debe darla ya el propio producto.

B) Grandes productos, productos eternos

Para convencerles de la absoluta trascendencia del producto en nuestro trabajo, no tengo más que invitarles a saborear un Chupa-Chups y a reflexionar conmigo sobre la clave de su éxito mundial.

La idea vendedora está en el propio producto. Nunca una campaña de publicidad podría haber hecho tanto por el Chupa-Chups como la genial ocurrencia de ponerle un palito al caramelo. Una tecnología tan simple ha conseguido uno de los resultados más espectaculares del marketing mundial.

En la línea de la mejora previa del producto, me gustaría comentarles el caso de un fabricante de congelados, Iglo, y su lanzamiento de unas croquetas.

Ante la dificultad de distinguir su producto de los demás en un mercado donde las diferencias de producción son cada vez menores, una *product manager* de Iglo, Marta Estadella, tuvo una de esas grandes ideas que convierten al producto en protagonista absoluto de la campaña.

De su intuición comercial nacieron las *croquiformas*, unas croquetas de diseño original que reproducen las formas de un coche, un barco o un avión y convierten en realidad aquellos juegos infantiles o aquellos socorridos trucos de los padres para distraer a los pequeños y conseguir que se acaben la comida.

Otro ejemplo de producto que concentra en sí mismo la mejor campaña publicitaria es la muñeca Barbie. Su éxito está en el producto, concebido como una idea vendedora. La brillante idea, insuperable por ninguna campaña de publicidad, fue inventar una muñeca que no imitara un bebé o una niña, sino el cuerpo de una bella mujer con quien jugar a ser mayor. La niña no le da el biberón a Barbie, sino que le escoge el vestido de gala para la fiesta de noche. El grado de identificación con este producto le ha dado el éxito.

C) La intervención de la agencia

¿Dónde empieza el trabajo de una agencia de publicidad? Exactamente donde el cliente quiera. Mi experiencia me demuestra que podemos intervenir en cualquier fase de la vida del producto.

Podemos ser ginecólogos y vivir toda su gestación, comadronas que vigilen un parto feliz, pediatras que guíen sus primeros pasos en el mercado o incluso especialistas en atenderle si enferma gravemente. Podemos dar vida o salvar la vida. Podemos rejuvenecer productos o ayudarlos a madurar en el mercado. Pero nada es más gratificante que sentir la confianza del cliente desde que tiene intención de lanzar un producto.

Además, vivir al lado del anunciante la gestación del producto no sólo es gratificante sino que puede llegar a ser muy rentable.

Por poner un ejemplo de cómo muchas multinacionales apuestan por este trabajo previo con la agencia, les diré que tuve la oportunidad de conocer el nuevo Ford Fiesta tres años antes de su lanzamiento.

Nos fue extremadamente útil para calentar motores e implicarnos en la campaña. Tenía que ser un éxito, y desde el primer momento nos sentimos parte de la empresa. Si el publicitario debe ser el socio, la mano derecha o casi el brazo entero del fabricante, es mucho mejor trabajar juntos desde el principio que actuar como un simple servicio de urgencias cuando el producto no se vende.

Personalmente, soy partidario de intervenir cuanto antes mejor. Y los resultados obtenidos me confirman la utilidad de este trabajo previo.

Como anécdota, recordaré un caso que delata mi obsesión por adelantarme a los hechos.

Fue en Filomatic, la empresa en que me formé como publicitario durante siete años apasionantes, de los que me gustará irles comentando experiencias a lo largo del libro.

Las ventas iban excelentemente, el producto ya era líder del mercado y Gillette no nos hacía ningún tipo de sombra. Pero me acechó la duda: ¿Y si a Gillette se le ocurre diseñar, fabricar y regalar un tipo de maquinilla que sólo admita sus hojas? Una idea así en manos de la competencia podría complicar enormemente nuestras ventas.

Así pues, convencí a mi cliente para intervenir en el producto y adelantarnos a los acontecimientos de la manera más efectiva. Si mi temor era que nuestro competidor utilizara esta estrategia, ¿por qué no aplicarla nosotros? De ahí nació la maquinilla de afeitar Filomatic Inox, y el resultado no pudo ser mejor.

No sólo ganamos el Delta de Oro de diseño industrial en 1969 por la excelente labor de Álvaro Martínez Costa y Esteban Agulló, sino que penetramos en los hogares regalando cientos de miles de maquinillas diseñadas para nuestras hojas de afeitar. La fidelidad del cliente quedaba garantizada.

Como ven, anticiparse a los propios acontecimientos no pudo ser más rentable.

2.2. Factores determinantes del producto: envase, diseño, posicionamiento, distribución y precio

Nada sustituye a un buen producto. Pero, en nuestro complejo mundo del marketing, el producto es mucho más que el bien en sí mismo.

Su envase, su diseño, su posicionamiento, su precio y su distribución son factores determinantes que definen su personalidad, y en ellos debemos buscar sus atributos diferenciales y sus ventajas respecto a la competencia.

A) El envase

Es obvio que la presentación del producto ha adquirido tal importancia en los últimos años, que nos obliga a considerar producto y envase como un todo. A veces el envase puede llegar a convertirse incluso en esa anhelada ventaja diferencial que haga emerger a nuestro producto por encima de la competencia.

Recuerdo la campaña que hicimos para Vives Vidal, cuando esta empresa de ropa interior femenina se planteaba acceder a un mercado más juvenil, en el que su primera marca Warner's no tenía demasiada aceptación. El producto fue un sujetador y su correspondiente envase.

Los diseños de ropa interior no admiten grandes variantes, pero nos resistíamos a no encontrar una diferencia en el propio producto, antes que tener que inventarla en la publicidad. La solución estuvo en el envoltorio.

Propusimos algo revolucionario. Sustituir las cajas de cartón por botes de cristal, como los de la mermelada, para impactar con una idea más ecológica y natural.

Con los sujetadores rebautizados como Intima Cherry para seguir el juego de las cerezas que simbolizan la marca, la campaña se hizo ver, se hizo notar... y vendió. José María Vives, propietario de Vives Vidal, había aceptado el riesgo de complicar incluso su red de distribución, pero los resultados confirmaron que había valido la pena apostar por una ventaja diferencial en el propio producto, a través de algo tan inocente como el envase.

Este ejemplo demuestra que hay que analizar a fondo la presentación del producto, pero no sólo desde un punto de vista gráfico o de diseño, sino también desde una visión estratégica.

Plantearnos estas 6 preguntas antes de lanzar un producto nos será de gran utilidad:

1. ¿Cómo se presenta nuestro producto?
2. ¿Puede darse al envase utilidad posterior?
3. ¿Qué elementos publicitarios van incorporados? ¿Marca? ¿Etiqueta? ¿Libro o folleto de instrucciones? ¿Referencias a otros productos?

4. ¿Admite la incorporación de alguno de estos elementos o de otros nuevos?
5. ¿Es adecuado el actual envase o presentación?
6. ¿Puede presentarse en un envase que amplíe o disminuya la unidad de venta?

Además de dar respuesta a todas estas preguntas, no debemos olvidar otra característica esencial del envase: sus funciones publicitarias. Un buen envase debe informar y persuadir, debe ser parte integral del proceso de comunicación.

Lamentablemente, todavía hay quien no entiende la posibilidad de obtener gratuitamente millones de mensajes publicitarios a través del envase, gracias a su impacto tridimensional, y a su situación privilegiada al lado del consumidor.

El envase es el último interlocutor de nuestro cliente, en él delegamos el cierre de la venta, y para ello debemos dotarlo de toda la información, de toda la capacidad de persuasión y de toda la personalidad diferencial que sea posible.

B) El diseño

El anunciante debe confiar en la agencia y saber aprovechar esa visión global del mercado que tiene el publicitario. Incluso en temas específicos, su intervención puede ser decisiva.

Tengo una experiencia personal en el campo del diseño que me reafirma en la idea de que la intervención de la agencia en cualquier fase de desarrollo del producto puede ser extremadamente útil.

Recuerdo cuando Pastas Gallo decidió afrontar la entrada de la dura competencia italiana. Sus pastas eran difícilmente mejorables, pero había que cambiar su imagen para posicionarlas por encima de las demás.

El rediseño del *packaging* se encargó directamente a la prestigiosa firma Walter Landor.

Un día coincidí con el director comercial de Gallo, Juan Travería, y me confesó que después de muchas propuestas de rediseño su problema seguía encima de la mesa y parecía eternizarse.

Le pedí que me invitara a la próxima reunión con el equipo de diseño y me limité a ofrecerles una visión objetiva para esclarecer el asunto. Cuando me mostraron la evolución de todas las propuestas, vi claramente que a partir de un determinado momento los diseñadores habían tomado un camino equivocado, creyendo resolver los pequeños inconvenientes que el cliente encontraba en el diseño anterior.

Con volver a ese punto y buscar una evolución más cercana a los intereses comerciales de la firma, bastaron un par de reuniones más para dar con el *packaging* definitivo. Pocas veces en mi vida profesional me había sentido tan útil y tan rentable, en relación a las escasas horas dedicadas al tema.

En ese caso, mi objetividad como parte no directamente implicada ni en la gestación del diseño ni en la necesidad apremiante del cambio, que angustiaba al fabricante, fue providencial. Nuestra campaña de presentación «Gallo se viste de etiqueta» convirtió en noticia la nueva imagen de la pasta líder del mercado.

Otro caso en el que el diseño se convierte en elemento diferencial, y por el que siento una enorme admiración, es el de Puig. Sus productos de perfumería han encontrado en un diseño exclusivo su personalidad y su argumento de venta. Gracias a la labor de André Ricard en el diseño industrial y de Yves Zimmerman en el diseño gráfico, han conseguido desmarcar permanentemente sus productos de la competencia. Sin su trabajo, los magníficos aromas de Puig no serían lo mismo.

El diseño es también de una enorme utilidad en aquellos productos clásicos, cuya larga permanencia en el mercado exige una continua actualización de su imagen. Coca-Cola es y será siempre de lo más actual, porque ha sabido evolucionar paulatinamente sin que muchos consumidores hayan percibido el cambio en su consumo cotidiano. Sin embargo, desde su primer logotipo hasta su actual diseño corporativo, ha habido un gran salto cualitativo, fruto de años y años de trabajo digno de estudio y aplauso.

Ignacio Fernández y Rafael García Marca nos plantearon un caso de rejuvenecimiento con otro clásico como Norit. Un jabón para ropas finas que ya usaba mi madre y que se enfrentaba al mismo problema: el producto resistía perfectamente bien, pero el *packaging* con el borreguito que lo identificaba empezaba a delatar su vejez.

Evidentemente, respetamos la entrañable mascota de Norit, pero le sacamos unos cuantos años de encima, para darle la vitalidad que necesitaba.

C) El posicionamiento

Un excelente ejemplo de posicionamiento de un producto es el de los relojes Swatch. La industria relojera suiza atravesaba unos momentos difíciles por la fuerte competencia oriental, y decidió apostar abiertamente por una ventaja diferencial en el posicionamiento del producto, en lugar de inventarla en la publicidad. De esta necesidad nació un producto que ya ha entrado en la historia del marketing del siglo XX.

Si ya me entusiasmó la profesionalidad y la intuición con las que colocaron en el mercado ese reloj que combinaba una buena oferta de precio, competitiva con los relojes japoneses, con un posicionamiento de marca único por su imagen de calidad suiza y sus originales diseños, más me ha admirado todavía comprobar cómo hoy ya hay coleccionistas dispuestos a pagar 10 o 15 veces más que las 5.000 pesetas con las que salieron a la venta los primeros modelos.

D) El precio

Una antigua definición dice que el precio ideal de un producto es la cantidad más alta que el cliente esté dispuesto a pagar por él. Hoy en día, el precio puede convertirse en argumento decisivo en la compra de un producto. Las tiendas Massimo Dutti, con una excelente relación calidad-precio, han sido un éxito que ha obligado a revisar los precios, a la baja, de gran parte del sector.

De todos modos, me gustaría hacer hincapié en una realidad que se impone en un mercado dirigido por las grandes superficies de venta. El precio difícilmente puede fijarlo ya el fabricante, de modo que nos encontramos con que el producto más caro de una gama podemos comprarlo en un hipermercado por menos dinero que el más barato de la misma en una pequeña tienda de barrio.

Por consiguiente, el precio no siempre debe considerarse como un impedimento que pueda perjudicar nuestras ventas. El ama de casa compra lo que le da confianza, lo que le permite cumplir con más éxito su rol familiar, y eso no siempre es lo más barato.

Donde el precio sí es un factor determinante es en aquellos productos que buscan en la relación calidad-precio su única proposición de venta, como en el caso de Massimo Dutti o Swatch o en aquellos otros de tipo elitista que han convertido su elevado precio en un carácter distintivo y privativo. Grandes marcas como Rolex, Loewe, Cartier o Christian Dior no venderían lo que venden sin este factor diferencial que les da su precio, acompañado —por supuesto— de un prestigio, una calidad y una atención al cliente fuera de serie.

E) La distribución y la red de ventas

Quiero alertarles de uno de los grandes pecados de la publicidad. Se trata de un pecado que por sus características es considerado venial por muchos de los que lo cometen, pero que, en realidad, no puede ser más mortal para una campaña publicitaria.

El pecado es desconocer el funcionamiento y la capacidad de reacción de la red de ventas. La red de distribución está tan intrínsecamente ligada al producto que sin ella éste no existe, ya que se le niega la posibilidad de ser vendido, que es la primera y única razón de su existencia.

No hay peor error que iniciar una campaña cuando el producto todavía no está en los estantes de los comercios. En cuestión de días, nuestra campaña se nos puede volver en contra y convertir a la red de pequeños comercios en un ejército dispuesto a luchar contra nuestra marca.

Porque cuando el comerciante debe admitir ante sus fieles clientes que no dispone del producto que le piden, empieza a generar un mecanismo de autodefensa que puede convertirle en nuestro más acérrimo enemigo.

Si pasan unos días y la red de distribución sigue inoperante, el comerciante no dudará en convencer a sus clientes de que el producto que solicitan es un desastre, para conseguir que opten por otra marca que sí pueda ofrecerles.

El distribuidor final debe ser el mejor aliado porque, de lo contrario, su lucha por la supervivencia y por la defensa de su prestigio le convierte en un peligroso detractor de nuestra marca.

De ahí que toda estrategia de producto deba prever —¡y resolver!— estos problemas antes de consumar la campaña.

2.3. La marca: más que un valor añadido

Estamos rodeados de marcas. Y tienen mucho peso. Las encontramos hasta en la sopa, porque precisamente es una decisión muy importante la de escoger la mejor marca que garantice un buen caldo. Desde mi experiencia haciendo «chup, chup» puedo asegurárselo.

Celo, Tippex, Wamba, Chiruca, Nocilla o Donut son marcas que han llegado a superar al producto y le han dado su nombre, sea por las circunstancias que sea.

¿Por qué las marcas tienen esa fuerza? Porque son una garantía, y sobre todo una emoción. Los productos son racionales pero las marcas son emocionales. La publicidad genérica puede ser racional, pero la de marca debe apelar a la emoción. Lo decía nuestro antiguo presidente, Ken Roman, basándose en que la marca es sólo una idea en la mente de los compradores.

Pero no sufran, no estamos hablando de abstracciones, sino de algo muy concreto.

En las grandes adquisiciones de los años ochenta y noventa, como las de General Foods y Kraft por parte de Philip Morris, se pagaron miles de millones por una marca. Eso es lo que justificaba los precios tan elevados de las acciones, que los analistas bursátiles no llegaban a entender. Lo que compró Philip Morris no fueron solamente compañías con activos tangibles y beneficios, sino también marcas cuyo auténtico valor no aparece siempre en los balances de las empresas.

Es cierto que las marcas tienden a ser volátiles, pero valen tanto dinero que el esfuerzo por mantenerlas no debe regatear medios. Un estudio del Boston Consulting Group analizó marcas que eran líderes en 1923 y lo seguían siendo en 1992. Tan asombroso como cierto. Kodak, Gillette, Campbell's o Colgate, al lado de Coca-Cola, se mantenían inalterables en el mercado mundial. No es que los años no pasaran para ellas, sino que no habían descansado ni un momento para conseguir mantener su imagen moderna y nueva a pesar de los años.

Éste es el gran reto: mantener vivas las marcas de siempre, y conseguir que las nuevas escalen posiciones y no retrocedan ante las dificultades.

A) ¿Extender la línea o crear nuevas marcas?

Ésta es la primera gran decisión. ¿Es más conveniente aprovechar el impulso de una gran marca para lanzar nuevos productos, o será mejor potenciar nuevos nombres?

La verdad es que la historia de la publicidad está llena de ejemplos que podrían aconsejar una u otra opción.

Nivea intentó lanzar una nueva gama con la marca Lian y fracasó. Finalmente lo volvió a intentar con su propio nombre, líder en bronceadores, y ha conseguido vender *body milk,* lociones para el baño e incluso espumas de afeitar.

Sea como fuere, los terribles gastos de lanzar una nueva marca hacen que en Estados Unidos dos terceras partes de los 7.000 productos lanzados en los setenta lo fueran bajo el cobijo de una marca ya conocida.

Un caso extremo, y en el que nuestra agencia ha trabajado de cerca, es el del Ford Fiesta. El nombre «Fiesta» ha conseguido un impacto tan enorme que tiene tanta o más fuerza que la propia marca Ford.

De manera que, después de desarrollar un nuevo modelo, se valoró que el riesgo de apostar por un nuevo nombre podría ser fatal.

Solución: se lanzó el nuevo Fiesta, con todo el empuje del nombre, que otros habrían considerado gastado. Los resultados no pudieron ser más espectaculares: consiguió ser el coche más vendido en su segmento y coche del año en España.

B) Las marcas propias

El panorama ofrece aún mayor variedad con la reciente aparición de las llamadas «marcas propias».

Con ellas, las grandes superficies e hipermercados atraen a los compradores con una política de precios muy agresiva y la garantía de la casa.

Aunque pueda parecer contradictorio, también esto indica que triunfan las marcas. Con el factor añadido, además, de que muchas de esas superficies se han ganado su prestigio y su clientela precisamente a base de importantes ofertas de marcas líderes.

Graham Phillips, antiguo presidente de Ogilvy & Mather Worldwide, advirtió del peligro en 1986: «Los detallistas están entrenando a los consumidores a comprar por precio en lugar de hacerlo por marca».

Ante esta situación, lanzarse a la loca carrera de las promociones sin más, sacrificando la estrategia por la táctica, no parece recomendable. Vender hoy y construir la marca para mañana sigue siendo el principal objetivo.

Recordemos aquella clásica investigación en la que se testaban a ciegas tres cereales. Uno de ellos, líder en el mercado, obtuvo la preferencia del 47% de los entrevistados. Cuando se testaron los mismos con sus respectivos envases, la preferencia hacia el líder subía hasta un 59%. Esos 12 puntos de diferencia eran el valor añadido de la marca.

2.4. El lanzamiento de nuevos productos

Lanzar un nuevo producto tiene su cara y su cruz.

La cara: la oportunidad de partir de cero. De poder crear de la nada su forma, su envase, su posicionamiento. La cruz: también el partir de cero. La necesidad de investigar y de trabajar como locos para colarse entre las preferencias de los consumidores, superando el mayor de los enemigos: el temor y la desconfianza hacia lo nuevo y desconocido.

La experiencia de 70 productos nuevos lanzados por Ogilvy & Mather permite concluir que las claves del éxito están en algo tan obvio como el producto en sí, las promociones, la planificación de medios y la publicidad.

Lo más importante es sin duda la ventaja diferencial, por la que el nuevo producto tiene su razón de ser. Aunque eso no es todo, debe ser además relevante y percibida por el consumidor.

La ventaja puede ser el envase, el rendimiento del producto, el precio, o la resolución de un problema que otras marcas no resuelven. O un nuevo uso, ¿por qué no?

Sea cual sea, debe ser real y significativa para el consumidor, no tan sólo demostrable en el laboratorio, sino también en la calle o en el supermercado, que es donde se toman las decisiones.

El secreto tiene bien poco de misterioso, y mucho de laborioso: investigar. El lanzamiento de la mayonesa Hellmann's en España puede ser un buen ejemplo.

Tarareando mentalmente la música del *spot*, que consiguió hacer memorizar su nombre, me remontaré al principio, al primer contacto.

Fue cuando Luis Bartrina, director general de CPC, y Luis Plana, entonces director de marketing, nos hablaron de lanzar una gran mayonesa, con el prestigio de un nombre líder en el difícil mercado de los Estados Unidos, y con más de 60 años de historia.

El primer problema fue que a pesar de ser un gran producto, el preferido en 20 países del mundo, aquí nadie lo conocía. Nos enfrentábamos a una nueva marca.

El sector parecía consolidado, aunque todavía se hablaba de la transición entre mayonesas caseras e industriales.

No hubo más remedio que investigar y el diagnóstico del mercado fue más o menos el siguiente:

- La mayonesa se consideraba una salsa para mezclar o acompañar ensaladillas, espárragos, pescados y huevos rellenos.
- Cuando se hacía mayonesa para la ensaladilla, se requería mayor cantidad, y el resto se tiraba.
- La mayonesa de bote ya no se consideraba más cara porque permitía ser guardada.
- La mayonesa casera era percibida como más personal y más líquida.

Con estas informaciones previas como punto de partida, fuimos a buscar un posicionamiento dinámico para Hellmann's, después de analizar la posible saturación del mercado y la implantación de la competencia.

Un dato clave provenía de las actitudes de los consumidores.

Y así fue como basamos la campaña en una gran idea: íbamos a sugerir nuevos usos de la mayonesa, buscando la identificación entre un estilo de vida mucho más moderno y una mayonesa verdaderamente joven, la nueva Hellmann's.

El *spot* no tuvo secretos: un enorme bocadillo de más de 10 pisos. Ensalada y Hellmann's, tomate y Hellmann's, hamburguesa y Hellmann's, pepinillo y Hellmann's, y así sucesivamente, a ritmo de una música que iba a impulsar el milagro de cantar un nombre nada fácil de pronunciar, hasta convertirlo en notorio y recordado.

«*¿Gustas?*» Ése era el *slogan*, y los resultados demostraron que gustó. Habíamos tomado un camino arriesgado, el de potenciar nuevos usos, con lo que corríamos el peligro de que el consumidor optara por probar esos bocadillos con mayonesa ¡pero con su marca de siempre!

En realidad, el post-test publicitario demostró que tan sólo las marcas percibidas como más jóvenes habían conseguido aprovechar el impulso de esos nuevos usos. Pero Hellmann's lideró muy pronto la lista de preferencias entre los que entendieron que los tiempos estaban cambiando.

Lanzamos un nuevo producto y una nueva marca con un nuevo uso, y supimos sacarle buen provecho.

3

LA MOTIVACIÓN DEL CONSUMIDOR

Crear estímulos y vencer frenos

3.1. El acceso a la *short list*

La información es poder. Sobre todo si sabemos administrarla y obtener conclusiones de ella para adecuarlas a nuestros objetivos.

El buen publicitario no es el que quiere vender, sino el que puede vender. «Querer y no poder» es, además de la prueba del fracaso, el síntoma de un vacío de información. De un vacío de poder.

Me explicaré.

Mucha gente ignora qué es la *short list* y cómo influye en sus compras, pero el publicitario debe conocerla e investigar sobre ella, y sobre otros cientos de actitudes y comportamientos que influyen en la decisión última de compra.

Conocemos como *short list* aquella relación mental de marcas que primero nos vienen a la cabeza como «preferidas», «fiables» o «mejores», cuando nos disponemos a comprar un determinado producto que necesitamos.

Para ejemplificarlo, entremos por unos instantes en una tienda de electrodomésticos, para observar el comportamiento de un potencial comprador de un televisor. (Los nombres de marcas citadas serán totalmente aleatorios.)

Nuestro hombre llega con unas marcas de televisores ordenadas en su mente, que pueden ser cuatro o cinco, y que su propia experiencia con antiguos aparatos, las recomendaciones de sus vecinos, la publicidad y otros factores han ido situando en su subconsciente. Supongamos que se trata de Philips, Sony, Saba y Sanyo, por ejemplo.

No tiene cuatro horas para escoger, tal vez tiene sólo una. Simplemente sabe que está dispuesto a pagar unas 100.000 pesetas.

Busca en esta gama de precios, se sitúa ante el estante donde ve «sus» marcas y empieza a comparar. Escoge el modelo Philips, por su diseño (*«tiene una línea que me gusta»*), y lo va sometiendo a prueba con cada uno de los demás, observando botones. De repente, pregunta al vendedor:

—¿Y éste tiene teletexto?

—No, señor.

—*¿Y yo para qué quiero un teletexto?* —se autorrecrimina descubriendo que había oído tocar campanas quién sabe dónde.

Y prosigue la comparación, fijándose ahora en las marcas que ofrecen estéreo (*«mi vecino lo tiene y vale la pena»*), comparando un aparato que ofrece 50 memorias de canales con otro que dispone de 99 (*«dicen que la televisión por cable ya está aquí, y vete tú a saber si me quedaré corto...»*).

No parece haber candidato firme a la elección, y opta por ponerse en manos del empleado. «¿Cuál me recomienda?», pregunta, mientras su subconsciente suspira por una respuesta resolutiva, del estilo: «Mire, sin duda el Philips es el mejor por su relación calidad-precio, y además todavía no les hemos subido los precios, mantenemos los de la temporada anterior».

Pero no. El vendedor rompe moldes. «Yo no lo dudaría, el mejor es Timgong.»

Caos mental, temblor de piernas. *«¿De dónde ha salido este Timgong?»*, se pregunta el comprador, al borde del ataque de nervios. Crecen las suspicacias: *«Deben de tener una buena comisión, si no seguro que no me saldría con esta marca»*.

Como Timgong no estaba todavía en su *short list*, abandona

la tienda en busca de otro establecimiento que le ofrezca un asesoramiento más favorable a sus preselecciones. Si el nuevo empleado volviera a hablarle de Timgong, quizás esa marca empezaría a acceder a su *short list* particular, aunque difícilmente lo conseguiría sin una verdadera campaña de lanzamiento.

En la tienda número dos todo se simplifica. El nuevo vendedor pronuncia «Philips». No hay promoción, pero le habla de la última tecnología en definición de pantalla, y nuestro comprador —que empezaba ya a estar demasiado inquieto— se aferra a la seguridad y convicción del experto (*«cómo se nota que éste entiende»*) y decide correr menos riegos.

¿Quién se atreve a decir después de esta historia que un *spot* de 20 segundos es lo que vende los televisores Philips? Conociendo los mecanismos de comportamiento humano, el objetivo prioritario es acceder al *ranking* particular, a la *short list*, y si es posible a la primera posición. Esto servirá para dar argumentos y seguridad tanto al vendedor como al comprador.

Si el comerciante sabe que el cliente tiene siempre la razón, el publicitario no debe olvidar que el consumidor tiene siempre el poder último de decisión. Nosotros somos profesionales de la comunicación, y podemos usar casi todas las palabras, pero él siempre tendrá «la última palabra».

3.2. Vencer el miedo a equivocarse

Un consumidor normal y corriente está expuesto diariamente a más de un millar de impactos publicitarios. Al día siguiente, es capaz de recordar tres.

¿Y cuáles son esos tres? Buena pregunta. La pregunta del millón, si esto fuera un concurso. Llevamos décadas trabajando e investigando y empieza a haber respuestas. Pero son demasiadas, y demasiado largas, para poder explicarlas en este capítulo.

Llenan miles de páginas de estudios muy rigurosos sobre psicología y comportamiento del consumidor, sobre mecanismos de motivación y persuasión, sobre relaciones estímulo-respuesta...

De la mano de los investigadores motivacionales más prestigiosos, intentaré sintetizar algunas de estas claves pero antes me gustaría contarles una experiencia personal.

Tengo cuatro hijos. Carmen, mi mujer, solía comprarnos los jerseys a todos en Gonzalo Comella. No voy a entretenerme en elogiar la calidad de esas prendas, sino a confesarles un factor que tiene mucho que ver con la elección de la tienda.

Ocurrió que una tarde, la vendedora observaba que Carmen llevaba ya un buen rato dudando entre varios colores y modelos sin decidirse. «Lléveselos todos, ya me devolverá los que no les gusten a sus hijos.» Con ello, el proceso de elección de los jerseys adquirió una tranquilidad inusual, ya que rara vez un probador de una tienda permite el mismo nivel de relajación.

A Gonzalo Comella no le salió nada mal el negocio. La duda entre dos jerseys, que muchas veces en la tienda se resuelve casi a cara o cruz —¡o no quedándote ninguno!—, en casa, pudiendo probarlos tranquilamente con distintos pantalones o faldas, se soluciona adquiriendo los dos. Doblar las ventas bien vale un voto de confianza y un trato de favor al cliente.

El miedo a equivocarse existe desde el momento en que existe el derecho a elegir.

Sears en Estados Unidos y El Corte Inglés en España han edificado todo un imperio sobre los cimientos de este miedo. «Le devolvemos su dinero» es el antídoto del temor a equivocarse, y ha generado dividendos de oro, liderando una nueva era en la que el consumidor ha sido elevado a la categoría de rey y quiere ser paseado en trono y tratado con todos los honores.

Al hablar de los pros y contras de la publicidad ya advertí que ésta no pretende sorprender al consumidor en su buena fe, sino que ha contribuido a formar consumidores cada vez más exigentes y preparados.

Cuando alguien lanzó el primer champú suave o de uso frecuente, o el primer dentífrico con flúor, o el primer chicle sin azúcar, las demás marcas tuvieron que subirse al carro para no perder a los clientes ya informados, que reclamaban a gritos su derecho a escoger la nueva opción.

Ya no era posible decir al comprador de chicles «de eso no tenemos», cuando los pedía sin azúcar, o llenar un estante de champús sin dar entrada a los de uso frecuente.

El consumidor es cada día más exigente y tiene más conocimientos, pero la saturación de productos e impactos publicitarios le hace navegar a la deriva en un mar de dudas.

Lo racional le mantiene a flote, lo emocional inclina la vela en una u otra dirección. Busca mensajes creíbles y argumentados, porque nadie se sube a un producto que se hunde, pero el viento que acaba dirigiendo las decisiones de compra sopla muchas veces de manera más pasional.

¿Qué anuncios tocarán la fibra sensible del consumidor? Habrá que definir a quién nos queremos dirigir, investigar cómo hacerlo, testar los resultados y corregir el rumbo las veces que haga falta.

Los comportamientos psicológicos del comprador tienen mucho que ver con la inseguridad. Todo navegante tiene como obsesión llegar a buen puerto, sin naufragar ni sufrir rechazos sociales que lo mantengan apartado en una isla desierta.

Los estudios motivacionales tienen mucho que ver con estos riesgos, miedos e inseguridades.

3.3. Dónde están las motivaciones

Las motivaciones no están en los objetos sino en el interior del ser humano. Existen desde que existe el hombre, aunque han evolucionado y se han sofisticado a medida que los esquemas sociales de relación y los estímulos se han modificado.

De ahí que necesitemos la ayuda de la psicología para adentrarnos en el conocimiento de la motivación. Recordemos su definición:

«Motivación es todo principio de fuerza interna que empuja a un organismo vivo hacia un objetivo». (*Enciclopedia de la Psicología y la Pedagogía.*)

A) Estímulos y frenos

La publicidad utiliza tanto estímulos racionales como emocionales, porque generalmente lo que provoca la acción no es el razonamiento, sino símbolos muy ligados al deseo.

El poso y el peso de la razón se dan por supuestos. Nadie invertirá medios y creatividad en hacer deseable un paraguas agujereado, porque incumple la función esencial de este objeto, proteger de la lluvia. Podría ser una frivolidad de diseño o una broma, pero en ningún caso sería coherente con el principio básico de estar al servicio de la conducta y de las necesidades humanas.

Ogilvy habla de tres tipos de ventajas para incentivar a los consumidores:

1. Ventajas racionales: lo que el producto hace, su función.
2. Ventajas sensoriales: efectos del producto en los sentidos, características físicas, *packaging*, aspecto, forma, aroma, tacto, sabor, forma de usarlo...
3. Ventajas emocionales: sensaciones o sentimientos que evoca el producto y su marca.

El doctor Llusá, cuyas investigaciones motivacionales me han ayudado en muchas campañas, añade una cuarta categoría de ventajas, las móviles, configuradas por lo más alejado del producto y más cercano al contexto vital del consumidor.

Conocer los tipos de motivaciones ayuda a comprender y profundizar en esta dicotomía emocional-racional que dirige nuestro trabajo.

La misión de la publicidad, a la vista de las tendencias del consumidor, puede simplificarse en dos pasos, según Haas:

1. Despertar un deseo o pasión utilizando aquellas tendencias que nos pueden llevar más lejos en nuestras intenciones.
2. Convencer de que este deseo sólo puede saciarse con la posesión del objeto que anunciamos.

Sin embargo, no estamos ante una ciencia exacta. Los consumidores no siguen ciegamente las incitaciones de la publicidad, sus mecanismos de defensa, a nivel inconsciente, son muy poderosos y difíciles de escrutar.

B) La persuasión: el antídoto del riesgo

Sabemos que el consumidor tiene la última palabra. Y, que al pronunciarla, corre también unos determinados riesgos:

— De prestaciones: si el producto cumplirá o no sus expectativas.
— De la propia imagen: cómo se sentirá ante sí mismo al optar por una marca determinada.
— De tipo social: lo que la gente pensará de él por haber escogido esa marca.

Según estos riesgos, elegiremos la estrategia que impulse al máximo las motivaciones, basándonos en el producto, la propia estima y la imagen social.

Convertir los frenos en impulsos es más eficaz que intentar reducirlos. Como en el judo, lo mejor es aprovechar la fuerza del contrario, porque sabido es que la energía ni se crea ni se destruye, se transforma.

La persuasión actúa en el nivel racional y en el emocional, en el consciente y en el subconsciente.

Las sensaciones recibidas de la publicidad pasan por el sentimiento, el pensamiento y la voluntad.

El primer nivel es lograr que guste, el segundo es que convenza, y el tercero que decida al consumidor a optar por el producto o servicio anunciado.

Para descubrir cómo reacciona el consumidor, cuáles son sus mecanismos de defensa y cómo superarlos, será imprescindible la ayuda de la investigación.

3.4. Del consumidor al comprador

La publicidad está muy condicionada por las motivaciones, actitudes y comportamientos del consumidor, pero su principal punto de mira es el comprador.

Por comprador entendemos toda persona o colectivo con un interés latente en un producto o servicio, que disponga de los medios necesarios para adquirirlo.

Observen que hablo de «interés latente», es decir, una necesidad existente que pueda despertarse, y de «medios para adquirirlo», lo que implica que muchas veces consumidor y comprador no son coincidentes.

¿Quién compra? ¿Para qué y para quién compra? ¿Por qué compra? ¿Cuándo compra? ¿Cómo compra? ¿Dónde decide y dónde compra? ¿Cuánto compra?

Son todas ellas preguntas cargadas de sentido común, que requieren respuestas detalladas.

Los cinco pasos esenciales en el estudio del consumidor son los ejercicios de precalentamiento previos a emprender la marcha creativa.

A.- Conocer al comprador
B.- Segmentar al comprador
C.- Saber qué le motiva
D.- Averiguar cómo funciona el proceso de compra
E.- Aplicar las conclusiones

A) Conocer al comprador: en busca del *target group*

Lo primero que necesitamos saber es:

— ¿Quiénes componen el mercado?
— ¿Qué productos se ofrecen en ese mercado?
— ¿En qué ocasiones es oportuna la compra del producto?
— ¿Quién inicia la compra, quién influye en ella, quién es el que finalmente compra y quién es el último consumidor en la familia?
— ¿Qué necesidades satisface realmente esa compra? (fisiológicas, de estima, de seguridad, estéticas, etc.)
— ¿Qué procesos y operaciones influyen en la compra?

Una vez hallada la respuesta a estos interrogantes, habrá que entrar ya en las características del consumidor, que se pueden estudiar en función de su cultura, el grupo social al que pertenece, su personalidad, su psicología de compra, así como su actitud ante nuestra marca.

Todo ello nos determinará el *target group* o grupo objetivo al que dirigirnos y nos dará las claves sobre un conjunto de factores que deberemos tener muy en cuenta en nuestra comunicación, para no vernos condenados a trabajar estérilmente una «tierra de nadie».

B) Segmentar al comprador

El comprador es su vecino. No tiene naturaleza universal, sino personal. Para poder dirigirnos a un público concreto hay que agrupar a los consumidores en distintos segmentos, y verificar que éstos sean:

— Homogéneos: que tengan alguna característica en común.
— Medibles: que se pueda obtener información sobre ellos.
— Accesibles: que se les pueda dirigir información.
— Amplios: que justifiquen la inversión de medios.

Normalmente se siguen criterios geográficos, demográficos, socioeconómicos, psicológicos o de comportamiento y motivación de compra, para obtener estos segmentos.

C) Saber qué motiva al comprador

Debemos conocer al comprador como a nosotros mismos. No sólo qué le motiva a comprar, sino también cómo reacciona ante la publicidad en general y ante nuestra publicidad en particular.

Como ya vimos en el primer capítulo, está demostrado que la publicidad que más gusta es la más memorable y la que vende más. Por tanto, no hay que sacrificar la creatividad en aras de la «seguridad» del marketing, o nos exponemos a que nos salga el tiro por la culata.

D) Averiguar cómo funciona el proceso de compra

Hay que tener siempre presente el proceso de selección y compra. Valorar en cada caso los riesgos personales, de propia imagen y sociales que corre el comprador con nuestro producto.

La necesidad más imperiosa es entrar en la *short list*. La segunda, lógicamente, suprimir riesgos para situarse en el liderazgo de esa lista.

E) Aplicar las conclusiones

Todo esto nos conduce a un solo objetivo: hacer publicidad y, por la vía de la convicción o la de la seducción, vender. La mejor manera de testar si hemos acertado es salir al ruedo, aunque como veremos ahora, siempre necesitaremos la investigación a nuestro lado, antes, durante y después del proceso.

3.5. Investigar para crear más eficazmente

Aunque afronto con una enorme deportividad mi profesión, nunca he creído que la publicidad sea un deporte. Aquí lo importante no es participar, sino vencer. Y vencer es convencer. Vender.

Afrontamos unos riesgos terribles en cada una de nuestras campañas. O dominamos las reglas del juego o rompemos la baraja.

David Ogilvy dijo que «los publicitarios que ignoran la investigación son tan peligrosos como los generales que no tienen en cuenta las señales cifradas del enemigo». Sea o no una guerra, lo cierto es que el mercado escasamente regala segundas oportunidades.

La investigación es como una aspirina. Ignoro su fórmula química pero sé cuándo usarla. Me ha ahorrado numerosos dolores de cabeza, y sólo por este sano motivo ya le debería una gratitud eterna.

Hay que contar con la investigación desde el principio, porque no sólo va a ayudarnos a corregir errores, sino que podemos llegar a evitarlos. Rectificar es de sabios, pero la investigación nos sirve en bandeja de plata algo todavía más inteligente: la oportunidad de no equivocarnos.

Por cuestiones de eficacia, el buen publicitario debe olvidar su condición humana: raramente se le permitirá tropezar dos veces con la misma piedra. Mejor que las detecte en su camino unos metros antes de llegar a ellas.

La investigación ya no es sólo incuestionable. Es, además, imprescindible hacerla muy bien. Veamos tres motivos:

1. Sin investigación, el publicitario consciente no puede correr riesgos. Y sin asumir riesgos, no se avanza en creatividad.
2. Sin investigación, la publicidad sería siempre igual a otras campañas anteriores de éxito, y por tanto su efectividad sería decreciente.

3. Sin investigación, incluso los productos serían cada vez más iguales, por lo que las diferencias deberían basarse en precio y distribución, en lugar de hacerlo en la garantía y calidad de la imagen de marca. Los beneficios serían drásticamente menores.

Nuestros caminos no son siempre armoniosos, ni se puede afirmar que publicitarios e investigadores vivamos una luna de miel. Es quizás un matrimonio de conveniencia, capaz de dar sus frutos si se saca todo el partido a la relación.

Como parte realista y pragmática de la pareja, la investigación impide a la publicidad subirse a falsas nubes de creatividad, dándole información e interpretación.

Nuestras comunicaciones publicitarias tienen como objetivo estimular al consumidor. Persuadirle, motivarle, seducirle, convencerle. Para ello debemos aplicar la duda como método, en todo nuestro proceso creativo:

— ¿Es comprensible el estímulo?
— ¿Llegará a todos los consumidores potenciales?
— ¿Es lo bastante persuasivo para que compren y repitan?
— ¿El código utilizado es comprendido por nuestro público objetivo, en el sentido que deseamos?
— ¿Queda suficientemente claro e inequívoco cuál es el producto o servicio portador de este código?
— ¿La codificación es correcta y adecuada a la realidad física?

También con posterioridad a la campaña deberemos seguir buscando respuestas.

— ¿En qué medida el estímulo publicitario ha contribuido a la respuesta global ante el producto o servicio?
— ¿La respuesta ha sido homogénea entre toda la población objetivo?
— ¿Ha habido efectos no deseables?

— ¿Podemos seguir empleando el mismo código en futuras campañas?

Éste es el ciclo. Y habrá que darle más vueltas.

A) Publicidad e investigación: nivel práctico

Vayamos al grano, al terreno de la práctica diaria entre publicidad e investigación. David Ogilvy dice que:

— Le fastidian algunos investigadores por su lenguaje enrevesado, la lentitud de sus procedimientos, lo largo de sus informes y sus mutuas descalificaciones metodológicas.
— Le fastidian algunos publicitarios por el terror que tienen a que la investigación pueda poner de manifiesto que su genio no es infalible, y porque cierran los ojos a las realidades que la investigación edifica ante ellos.

Pero el matrimonio entre investigación y publicidad es necesario. Hay al menos nueve buenas razones para la boda.

¿En qué ayuda la investigación a la publicidad?

1. Puede calcular las ventas de un nuevo producto y la inversión publicitaria requerida para ello. Algunas multinacionales ya lo hacen.
2. Ayuda a elegir el mejor posicionamiento para el producto.
3. Determina con todo lujo de detalles la audiencia a la que dirigirse.
4. Describe los factores determinantes de compra y el vocabulario empleado en torno al producto.
5. Puede seleccionar cuál es la promesa publicitaria más convincente.
6. Indica si la publicidad comunica lo que quiere comunicar.
7. Permite escoger entre varios anuncios de televisión el que más vende.

8. Informa de cuánta gente ve, oye o lee los anuncios y de cuánta los recuerda.
9. Nos arma con argumentos que permiten acabar las discusiones.

La investigación es utilizada a menudo en su modalidad previa, de pre-test, para asegurarnos de que el camino escogido es el correcto, para confirmar que esa ruta nos llevará a buen puerto. Pero hay que recordar que en publicidad puede ser tan decisivo qué se dice como la forma en que se dice. En la primera parte, en el qué se dice, la investigación ha hecho grandes progresos. En la segunda, tiene todavía mucho que aportar.

B) Cuatro tipos de test y cuándo utilizarlos

Existen cuatro estudios que nos ayudan a reducir riesgos en nuestro camino como publicitarios:

1. Test de concepto publicitario

— Es un estudio genuinamente publicitario, que debe considerarse interno de las agencias.

— Trata de averiguar si una idea está o no en línea con un determinado colectivo. Lo fundamental no es verificar hasta qué punto el concepto es aceptado sino su capacidad para moverse en el campo motivacional.

— Es el único test que sirve verdaderamente para tomar decisiones y rectificar.

— Precisa de un material muy simple: bastan unas cartulinas con una palabra o frase, o la fotografía de un personaje, o unas notas musicales, o cualquier cosa que dé una idea material del concepto.

— Es un estudio realizable por servicios internos de la agencia, si se dispone de un investigador en el equipo.

— Es rápido, barato y ahorra muchos disgustos. Si se llega al siguiente paso con un concepto erróneo o débil, será demasiado tarde para rectificar. Debemos asegurarnos de que el concepto soportará todas las promesas y será capaz de persuadir en el sentido deseado.

2. El pre-test publicitario

— Es la causa fundamental de discusiones entre publicitarios e investigadores. Hay ejemplos de grandes y eficaces campañas que por novedosas no habrían superado un pre-test, de otras que fueron pre-testadas y funcionaron bien, y de otras que no lo fueron y lo están pidiendo a gritos.

— Es lícito pre-testar el resultado de una gran inversión antes de realizarla. Pero es también una barbaridad cargarse una gran idea sólo porque en un primer momento no parece ser bien comprendida. Por eso necesitamos una muy buena investigación.

— Si buscamos que la investigación nos dé respuestas, éstas tienen que haberse producido realmente. Los métodos de estudio deben ser rigurosos y huir de la futurología.

— Un pre-test puede descubrir rápidamente si una marca será recordada. Le costará un poco más saber si el mensaje es comprendido, y bastante más averiguar si el anuncio acabará gustando. Cuantificar el aumento de las ventas es ya mucho más difícil. Recordemos que la investigación es sólo la luz en el camino.

— Para evitar errores de bulto, veamos qué no debe hacer un pre-test:

- No debe prejuzgar y determinar los objetivos de marketing (deben haberse establecido *a priori*, fruto de nuestra decisión).
- No debe decidir cuál es la forma de comunicación idónea para transmitir el mensaje.
- No debe definir el mensaje ni la técnica de comunicación.

3. El post-test publicitario

— Se refiere básicamente a cómo han sido recibidos los códigos publicitarios por parte de la audiencia, y no a la respuesta dada a los mismos.

— Se plantea a nuestro *target group,* que ha podido ser impactado, con los siguientes objetivos:

- Grado de notoriedad.
- Recuerdo espontáneo y sugerido.
- Grado de comprensión.
- Asociación producto/*slogan* con la marca.
- Grado de credibilidad.
- Grado de exposición a los soportes de la campaña.
- Cambios de actitud e intencionalidad de la compra.

— Los resultados suelen ser de enorme utilidad para las agencias ya que confirman la fuerza de los códigos de comunicación empleados.

— Su naturaleza es básicamente cuantitativa.

4. Test de eficacia de la publicidad

— Son estudios cuantitativos, que relacionan unas variables a explicar, los fenómenos observados en el mercado, con otras variables explicativas relacionadas con la publicidad.

— Las variables a explicar son:

1. El grado de notoriedad y conocimiento de la marca.
2. El grado de penetración y participación.
3. El grado de percepción. La imagen de la marca o el producto.

Los dos métodos principales de medición de la eficacia de la publicidad son: la entrevista a una muestra variable de población de forma sistemática y periódica, y la observación permanente de un panel de consumidores, que registra las compras de los productos y el grado de exposición a los medios publicitarios.

C) Del rey de la fruta a la colonia para hombres

Al consumidor de colonias, e incluso al espectador de los *spots* que aparecen en televisión, puede parecerle que todo sigue igual. Es lógico, porque los cambios se producen despacio, y sólo los descubrimos realmente cuando vemos o recordamos un *spot* de cinco años atrás y comprobamos que, poco a poco, todo se ha transformado. El concepto, el mensaje, la comunicación.

Para poner un ejemplo en que la investigación publicitaria ha sido clave, podría referirme a la colonia para hombres Patrichs. Cuando presentamos su nuevo envase Noir, recurrimos rápidamente a una investigación exhaustiva de esta marca y de sus competidores en el mercado.

Las conclusiones fueron decisivas: entendimos que los hábitos sobre colonias masculinas estaban cambiando, que habían superado su carácter erótico-romántico. Al mismo tiempo comprobamos que los hombres entendían cada vez más de colonias, que las escogían personalmente en muchos casos, y que distinguían entre las colonias frescas y otras más personales.

Todo ello nos permitió crear una nueva personalidad más moderna y adecuada para el Patrichs Noir.

Si este caso ejemplifica un poco qué podemos esperar de un test sobre cómo es percibida una publicidad y un posicionamiento, otros estudios, como el que encargamos para trabajar las campañas del plátano de Canarias, nos indican lo útil que puede ser la información previa sobre un producto para saber qué riesgos hay que evitar, qué frenos hay que superar y qué expectativas hay que cumplir.

Una buena investigación de este tipo se distingue por su enorme sentido común, y por la acumulación de datos psicológicos o de comportamiento del consumidor, que es lo que nos interesa.

Muchos de nosotros estaremos de acuerdo e incluso diremos que «esto ya lo sabía», pero ciertamente la única manera de resumir las percepciones de valor más universal es con un muestreo selectivo y serio, y con unos tests a personas normales y corrientes, nada implicadas en el sector, que respondan de manera espontánea y sin sentirse condicionadas.

Éstas fueron algunas conclusiones del estudio del plátano:

— Hay frutas aburridas, y otras que provocan ilusión. El plátano está entre las primeras porque no es de temporada. Melón, sandía, kiwi o melocotón están entre las más caprichosas.
— Las frutas caprichosas se perciben como golosinas, y en las otras se valora más el valor vitamínico.
— El plátano se describe como una fruta caliente, «que llena».
— El plátano está entre las contadas frutas que son masculinas, es el rey de la fruta, frente a las princesas de formas redondeadas y suaves.
— La forma alargada del plátano se percibe como agresiva y provocativa.
— El plátano en racimos no es estético y contiene cierta agresividad cuando se suspenden del techo en unos ganchos.
— El plátano es básicamente una fruta de merienda, que alimenta, en lugar de una fruta de postre.
— Existe la creencia por parte de las madres de que un exceso de plátanos puede ser indigesto.
— El plátano es la primera fruta que prueba el niño, a través de papillas.
— El plátano es percibido como caro y su compra se justifica cuando los niños no comen otra fruta.
— A las madres les preocupa y disgusta la manera en que se come el plátano, llenándose la boca, e incluso es percibido como poco delicado para chicas jóvenes.
— El chico joven ve el plátano como una fruta cómoda de pelar, mientras que a las chicas les cuesta más admitir que les gusta.
— Para el niño es más estético el plátano pelado, para el adulto lo es con la piel.

Hasta aquí las conclusiones. Las he querido recopilar para que entendamos que la investigación no lo es todo, pero ayuda muchísimo. A partir de ahí, ya no creamos a ciegas.

Buscamos nuevos usos, potenciamos una imagen menos infantil para captar públicos jóvenes. Supimos, en definitiva, dónde estaba el camino acertado y cuál no debíamos coger.

Faltaba la estrategia, y la ejecución creativa. Por supuesto que sí. Pero eso lo veremos en los próximos capítulos.

4

LA ESTRATEGIA: CREAR, CAMBIAR Y CONSOLIDAR ACTITUDES

No hay nada peor que un gran disparo
en la dirección equivocada

4.1. Del flechazo de Cupido a las claves del romance

«¿Cómo te declaraste a tu novia?», le pregunté a un alumno en un curso de publicidad. Lo hice tras escuchar sus enérgicas quejas porque, según él, los anuncios se solían basar en exageraciones muchas veces no demostrables.

Le pregunté sobre su declaración de amor por varios motivos. El primero de ellos es porque soy un gran defensor de la publicidad emocional: el arte de seducir y enamorar tiene mucho que ver con nuestra profesión.

Y una declaración de amor puede ser un excelente anuncio que apele a las emociones del receptor. ¿Quién no ha prometido alguna vez a su pareja que la convertirá en la persona más feliz del mundo?

Objetivamente, es evidente que se trata de un difícil cometido, entre otras cosas porque sólo puede haber una persona que sea «la más feliz del mundo», y ya es casualidad que sea precisamente nuestra pareja. Y que lo sea, además, gracias a nuestros méritos y virtudes.

Pero seducir requiere esas gotas de pasión y de utopía. Y yo nunca podría acusar a ningún enamorado de haber mentido prometiendo la felicidad absoluta, si era éste el dictado de su corazón.

Mentir o manipular sería otra cosa, como alardear de tener un sueldo o una posición social determinada cuando no es cierto. Pero apelar a la emoción y recurrir al sensacional «contigo al fin del mundo», es un arma de seducción que nos hace a todos la vida mucho más agradable.

«Qué feliz serás conmigo» es un argumento mucho más atractivo y contundente que «mira qué guapo soy», aunque objetivamente pueda ser más demostrable lo segundo que lo primero. La publicidad debe hablar al consumidor, prometerle algo, seducirle. Ir más allá de la realidad.

Diciendo «mira qué guapo soy» hablamos del producto. Prometiendo «qué feliz serás conmigo» hablamos al consumidor del beneficio que obtendrá con él, y eso es siempre preferible.

La publicidad es la Celestina que pone en contacto producto y consumidor, procurando que se produzca el flechazo. Y una buena Celestina conoce al novio y a la novia, efectivamente, pero desarrolla todo su trabajo en la estrategia para encontrar el punto de confluencia, el nexo de unión. Para acercar uno a otro.

En eso estamos nosotros a estas alturas del proceso publicitario. Conocemos al novio y a la novia, al producto y al consumidor, las ventajas de uno y las necesidades del otro. Pero necesitamos que algo se mueva. Nuestra estrategia es, simplemente, acercarlos.

No entraré ahora a definir las grandes teorías del marketing, pero sí juzgo oportuno recordar que se trata de tender un puente entre una y otra orilla del río. El precio, la distribución, la promoción de ventas, la propia campaña publicitaria, serán el hormigón o los troncos para construir el puente.

Pero su arquitectura vendrá definida y condicionada por nuestra estrategia: el arte de tener el producto adecuado para un grupo de consumidores preestablecido, al precio adecuado y con la adecuada publicidad y promoción de ventas.

A) Apunte primero, dispare después

Hay quien primero dispara y después apunta. En nuestra profesión esto es una irresponsabilidad total. Porque no hay nada más peligroso ni contraproducente que un gran disparo en la dirección equivocada.

El mejor creativo será aquel tirador que se pueda jactar de que donde pone el ojo pone la bala. Apuntar es su estrategia. Disparar es su táctica. Puede haber muchas tácticas distintas y complementarias. Se puede disparar con un revólver de repetición, con un cañón o con balas de fogueo. Pero sólo debe haber una estrategia, una línea recta que marque nuestro objetivo.

El principio básico de toda estrategia es sumar esfuerzos en lugar de restarlos. Mi norma es respetar la estrategia del cliente, si la veo acertada, cosa que sucede —afortunadamente— la mayoría de veces. En caso contrario, propongo al cliente reflexionar juntos para afinar más en lo que es la base del proceso creativo.

Conozco a publicitarios capaces de deslumbrar a sus clientes con fuegos de artificio creativos. El anunciante puede quedar cegado por esas ráfagas y creer que ha descubierto la luz que le alumbrará en su camino.

Mucho ojo, porque lo más fácil es que esos destellos de luz, sin norte que los guíe, lleven de cabeza a un precipicio.

B) Comprender actitudes de hoy para anticipar las de mañana

Norman Berry, que fue presidente ejecutivo de Ogilvy & Mather en Nueva York y director creativo mundial, definía la estrategia publicitaria de este modo:

«Empezamos haciendo un balance de la situación de partida de nuestra marca en su entorno actual: quiénes son sus consumidores, qué piensan, sienten y creen de nuestra marca, quiénes son nuestros competidores, cómo se comportan, etc...»

A ESO LO LLAMAREMOS **PUNTO A**

«Luego decidimos y elegimos la situación objetivo a la que queremos llevar nuestra marca en un plazo de tiempo determinado: quiénes deseamos que sean nuestros consumidores futuros, qué deseamos que piensen, sientan y crean de nuestra marca, cómo queremos ser comparados con nuestra competencia, etc...»

A ESO LO LLAMAREMOS **PUNTO B**

¿Qué es la estrategia?

Es el camino que elegimos para conducir la marca a un punto distinto del actual. O más todavía, es el mapa de carreteras que explica cómo iremos del punto A al punto B.

Actuar estratégicamente es, pues:

— Conocer cuál es el punto A.
— Decidir cuál debería ser el punto B.
— Explicar qué publicidad deberemos hacer para que el consumidor pase del punto A al punto B.

También en publicidad las preguntas más trascendentes son las decisivas para seguir viviendo. El filosófico ¿De dónde venimos?, ¿Adónde vamos? o ¿Quiénes somos? adquiere una dimensión muy especial en la definición de una estrategia.

Si todavía no está claro el origen del universo ni tampoco hacia dónde lo conducimos a toda velocidad, un invento tan humano como la publicidad no iba a ser distinto de la realidad del planeta.

Es decir, que no existe un formulario infalible para elaborar estrategias, para descubrir de dónde venimos y adónde vamos. Existen, eso sí, unas claves teóricas y cientos de ejemplos prácticos de opciones estratégicas, que pueden satisfacer algunas inquietudes y aportar pistas importantes para el camino.

C) Las bases de la estrategia publicitaria

1. El qué: la base

Hay tres elementos relacionados entre sí que son la base de la estrategia publicitaria:

A. *El público objetivo*

¿Quién queremos que responda a nuestra publicidad?

¿Quiénes son los consumidores que representan mejor fuente de negocio para nuestra marca?

¿Para quiénes posicionaremos nuestra marca más significativamente?

En este punto hay que definir estilos de vida, hábitos de compra, tendencias culturales, comportamientos... y, sobre todo, la actitud del consumidor hacia nuestro producto y nuestra marca. Se trata, como vimos al hablar del consumidor, de detallar quién, cómo, cuándo y por qué compra nuestro producto o servicio.

B. *El entorno competitivo*

¿Con qué productos o marcas competimos directa o indirectamente?

¿Para qué otras marcas o productos somos un buen sustituto?

¿Dónde hay un hueco de mercado que podamos ocupar?

¿Qué puede hacer sobresalir nuestro producto de la competencia?

C. *El posicionamiento de marca*

¿Cómo percibe el público objetivo nuestra marca hoy?

¿Cómo queremos que la perciba mañana, como resultado de nuestra publicidad?

2. El cómo: las claves

El éxito de una estrategia proviene en un 50% de lo que hemos analizado y decidido, y en otro 50% de cómo lo comunicamos.

Sin entrar aún en los secretos de la creatividad publicitaria, me gustaría enunciar aquí los elementos que hay que definir claramente en nuestra estrategia:

A. *La promesa*

Una promesa de beneficio relevante que nace de los problemas del público objetivo que nuestra marca soluciona o de los deseos que —racional o emocionalmente—, podrá satisfacer con ella.

B. *La justificación*

Lo que en inglés se llama *the reason why*, no es otra cosa que las razones explícitas o implícitas que apoyan la promesa y refuerzan que la marca pueda cumplirla.

C. *La forma y el tono*

La personalidad del producto se la dará nuestra capacidad para relacionar la promesa y la justificación con los estilos de vida, actividades y valores del público objetivo.

D) Crear, consolidar, cambiar

¿Qué podemos esperar que haga la publicidad en el consumidor? Básicamente tres cosas:

— Crear una actitud nueva.
  Cuando el consumidor no conoce la marca o producto, o los conoce tan poco que no tiene opinión formada.
— Consolidar una actitud acerca de un producto o servicio.
  Cuando la actitud del consumidor es la deseada y el objetivo es evitar que el paso del tiempo, las circunstancias o los mensajes de la competencia la hagan cambiar.
— Cambiar una actitud hacia la marca.
  Cuando el consumidor no siente, piensa o cree lo adecuado acerca de la marca o producto.

4.2. Crear nuevas actitudes

A) Entra con buen pie

Una actitud nueva ante el deporte para Adidas

En 1978 nos enfrentamos a uno de los encargos más excitantes que nos han hecho jamás: introducir a la multinacional Adidas en España, donde era una perfecta desconocida.

El reto nos llegó de la mano de dos grandes profesionales como Jean Louis Denu y Franz Brunberg, con los que se establecería una comunicación perfecta. Ambos nos dieron una libertad absoluta para crear, algo que nunca se puede agradecer bastante a un cliente. Además, contamos con el apoyo del propietario de Adidas, Horst Dashler, quien, en las numerosas ocasiones en que le fuimos a ver a su despacho de Landersheim, cerca de Estrasburgo, se entusiasmó con nuestro trabajo, y nos ayudó a mejorarlo con sus valiosas opiniones, que siempre demostraban un olfato de marketing asombroso.

Hubiéramos podido potenciar la imagen de Adidas en el tenis o en el fútbol, pero nuestra ambición nos llevó mucho más lejos.

Íbamos a crear una nueva actitud de los jóvenes españoles ante la forma de entender y practicar el deporte, y ante el cómo y el cuándo usar un calzado deportivo.

Introdujimos en España el *jogging*, más conocido entonces como *footing*. No se nos ocurrió mejor manera de crear un amplio mercado para las prendas deportivas que potenciar la práctica de un deporte que no requiere rivales, ni balón, ni pista, ni red. Con una camiseta, un pantalón corto y unas zapatillas había más que suficiente.

El deporte no tenía por qué ser cosa del domingo, ni las zapatillas algo reservado a la práctica de un deporte de competición.

Éxitos como éste recargan las baterías de cualquier publicitario. Ir más allá, impulsar hábitos sociales saludables y hacer olvidar recelos es tan reconfortante como lo fueron los excelentes resultados de ventas de Adidas.

Yo mismo no me hubiera atrevido a salir a la calle con calzón corto un año antes de nuestra campaña, y desde entonces adquirí esa sana costumbre.

Entramos con buen pie. En los hogares y en las escuelas, donde los chavales adoptaron masivamente las zapatillas Adidas.

Fue una comunicación revolucionaria. Con Adidas nació el *boom* de las zapatillas deportivas. Luego arrastraría a multitud de marcas nacionales y multinacionales a pelear por una cuota de mercado que nosotros habíamos inventado. Porque realizamos la estrategia más ambiciosa: crear una nueva actitud del consumidor.

B) Tú puedes

Cómo Titanlux dio colores al bricolaje

Mi hijo José Manuel tiene en su habitación una radio antigua maravillosa, que guarda como una joya. La vio en un contenedor y no dudó en llevársela a casa. Afortunadamente para él, todavía hay despistados que no saben valorar lo que tienen.

El mundo da muchas vueltas. Y después de unas décadas de plástico, de pasión por lo sintético y perecedero, las aguas vuelven a su cauce. Donde estén unos buenos muebles de madera...

Titanlux tiene algo que ver con todo ello.

Este fabricante de pinturas tuvo que afrontar un cambio de personalidad, en unos años de obsesión por lo nuevo y desprecio hacia lo antiguo. Así nos lo transmitió Joaquín Folch, el propietario. Unas transformaciones que coincidieron con unos momentos en que gran número de buenos pintores dejaron la profesión, para desesperación de muchos.

El tiempo todo lo cura, pero a veces se le puede echar una mano incluso al tiempo. Titanlux lo hizo.

«Tú puedes», dijimos a sus nuevos clientes. Se trataba de crear nuevas actitudes ante la marca, porque buscábamos compradores entre particulares, además de continuar haciéndolo entre profesionales. Titanlux ayudó a poner de moda el hacérselo uno mismo, demostrando que pintar las paredes, las puertas o incluso algunos muebles viejos, es tremendamente gratificante.

Titanlux aceleró el proceso y puso alas a los manitas de la casa. Diciéndoles, simplemente: «Tú puedes».

4.3. Consolidar actitudes

A) Leche, cacao, avellanas y azúcar

Renovando la actitud positiva de las madres ante Nocilla

En una ocasión, Henry Ford le dijo a su redactor publicitario:

—Bill, esta campaña es fantástica, pero ¿es que vamos a utilizarla toda la vida?

El redactor respondió:

—Mister Ford, esa campaña todavía no la hemos lanzado.

El propietario de la marca automovilística había visto demasiadas veces el anuncio, en demasiadas reuniones, antes de que fuera lanzada a través de los medios de comunicación.

Conocía ya esta anécdota y consideraba el más peligroso de los pecados capitales la vana inquietud del cambio por el cambio, cuando llegó a mi agencia un cliente como Starlux con un producto tan tentador, sabroso y apetecible como Nocilla.

Todo ocurre muy deprisa, todo se mueve desafiando la velocidad de la luz, y a veces nos negamos algo tan importante como unos minutos para meditar.

No hay imagen más triste que la del leñador, desesperado y sudoroso, golpeando inútilmente troncos con todas sus fuerzas, pero con un hacha desafilada. «He de cortar tanta madera esta mañana, que no tengo tiempo de afilar el hacha», es su equivocado planteamiento.

Afortunadamente, todos nos hemos sacado el sombrero más de una vez ante el cowboy de Marlboro, símbolo de mucho más que una marca de tabaco. Es la imagen del éxito de una buena idea y del acierto de mantenerla en el tiempo. Sin embargo, muchos publicitarios que admiran y envidian un activo como éste lo desaprovechan cuando cae en sus manos.

Volvamos a Nocilla. Leche, cacao, avellanas y azúcar. Éstos eran los ingredientes que me encontré sobre mi mesa de trabajo. Una acertada campaña había dado una imagen de este producto asociada a chicos practicando deporte con energía y vitalidad.

Como el chocolate, la creatividad es deliciosa, pero en exceso puede producir dolores de estómago. Así es que nos decidimos por la prudencia, aparcando de entrada el impulso instintivo de renovar la estrategia. Apuntamos en la misma dirección. Nuestra oportunidad era mejorar la precisión, afinar el tiro, pero sin cambiar de diana.

La estrategia de Nocilla ya era buena, había vendido millones de unidades sin agotar sus posibilidades. Nuestro trabajo fue aportar savia nueva y profundizar en la táctica.

La investigación nos echó una mano. El 95% de compradores de Nocilla son las madres, a pesar de que el 90% de consumidores son los niños. A los niños ya los teníamos en el bote, porque el estudio demostraba que les «pirraba» untar rebanadas de pan con Nocilla para merendar.

La estrategia era, pues, reforzar la idea positiva, en las mamás, de que era bueno y saludable que los niños tomaran Nocilla. Vencer los recelos hacia el chocolate asociándola a la leche y avellanas, productos nutritivos capaces de aportar energía y vitalidad para compensar los sobreesfuerzos que realizan a diario los pequeños.

Potenciamos una campaña que ya estaba en el buen camino, para poder avanzar más deprisa y llegar antes al éxito. La receptividad de Anselmo Mateos, director de marketing de Nocilla, nos fue de gran ayuda.

Nuestros *spots* para Nocilla se adaptaron a la realidad del mercado. Hicimos dos versiones, una para madres y otra para niños, que se emitían en las franjas horarias distintas. Las dos, bajo el mismo *slogan*: *«Nocilla, no hay otra igual»*.

El *spot* para niños hacía mayor énfasis en las imágenes de los chicos deportistas, con escenas que mostraban el éxito. Para las mamás, teníamos un argumento a su medida. Tan cierto y contundente, que sólo había que convertirlo en protagonista. En esta versión del *spot*, nueve segundos se consagraban a mostrar cómo caía la leche en el vaso de Nocilla, a cámara lenta. Un gran espectáculo visual para demostrar que Nocilla tenía todo el valor energético de la leche.

La madre es menos reacia a dar Nocilla a sus hijos cuando descubre que aquello no es puro chocolate, sino una gran cantidad de leche con el sabor del cacao, para hacerla más apetecible.

La segmentación de mensajes, como táctica, dio buenos resultados y permitió aumentar la cuota de mercado. El cliente pudo chuparse los dedos y a nosotros nos quedó ese dulce sabor de boca que sólo tienen las cosas bien hechas.

B) Jaque mortal a la caries

Consolidando Binaca como dentífrico vencedor al ajedrez

Binaca era una pasta dentífrica de Ciba-Geigy, bien percibida por sus usuarios. Con ella creamos una analogía de un gran impacto, para consolidar su imagen de producto serio, científico.

Algo tan alejado de nuestra salud dental como un tablero de ajedrez nos sirvió de escenario. No íbamos a cambiar ni a crear actitudes, simplemente a reforzar una idea vendedora.

Incluso la publicidad más racional, como la que debe informar de los peligros de la caries, agradece la imaginación creativa para acceder a los terrenos de la emoción.

Nuestra partida de ajedrez era un duelo a muerte entre la caries, las negras, y nuestros dientes, las blancas. Gracias a Binaca, las blancas juegan y ganan. Un mensaje sencillo pero muy notorio, que posicionaba al producto como el mejor aliado ante un adversario capaz de poner en peligro nuestras piezas dentales.

Demostrábamos que la caries es más que una cuestión estética a merced de productos de cosmética. Es una enfermedad de negras intenciones, a la que sólo un producto de la máxima calidad puede vencer. Binaca logró el jaque.

4.4. Cambiar actitudes

A) Instinto maternal

Cambiando la actitud ante la ropa premamá de Prénatal

—*¿Para cuándo lo esperas?* —preguntó a una clienta la atenta encargada de una tienda Prénatal.

—*No estoy embarazada, pero vi el peto anunciado en la tele y me encantó, no me importa que sea ancho* —fue la respuesta.

Era la prueba definitiva de hasta dónde nos había llevado la estrategia del cambio de actitud ante la moda premamá.

Unos meses antes, tener que vestir modelos de embarazada era algo no muy bien percibido por las mujeres en estado de buena esperanza. *«Ser mamá está de moda en Prénatal»* dio la vuelta a esta situación.

Antes, muchas futuras mamás disimulaban su embarazo, ahora hacen ostentación de su felicidad desde el momento en que la ranita les anuncia la buena nueva.

Prénatal ha roto moldes. Ha cambiado actitudes. La de las mamás pero, sobre todo, la de los papás. La línea estratégica definitiva, la idea vendedora, ha sido involucrar al padre en las campañas, haciéndole aparecer en muchos casos como protagonista. Émile Cazal, director general, y Julia Martínez, que fue su directora comercial y recientemente se ha retirado, nos aportaron todo su profundo conocimiento del sector y, sobre todo, su valentía al aprobar campañas de planteamiento fuertemente creativo.

Dimos argumentos irrefutables. «*Mamá ya lo ha llevado encima nueve meses, ahora te toca a ti, papá.*» Las madres se entusiasmaron con nuestras campañas, se pusieron a nuestro favor. Y los padres vivieron ese momento emocional de otra manera gracias al impulso de una publicidad favorable.

Nuestra publicidad no puede ser un Quijote luchando contra molinos de viento, pero en muchos casos vence en sus batallas contra la inercia social. No podemos ni pretendemos cambiar el mundo, pero sí adelantarnos a cambios anunciados. La publicidad que se anticipa a las nuevas corrientes tiene una rentabilidad extraordinaria.

En las movidas aguas del mercado, para practicar el *surf* no se necesitan pedales ni motores fuera borda, simplemente conocer la dirección de las olas y colocarse delante de ellas para aprovechar su impulso. Nadar contracorriente no sólo es motivo de cansancio, sino que puede acabar ahogándonos.

No diré que sea un mérito exclusivo de las campañas de Prénatal que ahora los padres trabajen más en casa, descubran la emoción de cambiar pañales y se diviertan explicando en la oficina sus peripecias para bañar al bebé. Pero sí cabe dejar constancia de que Prénatal vio que algo se movía en el mundo de la pareja, apuntó en esa dirección y empujó en cuestión de meses lo que podría haber tardado años en consolidarse. Papás, mamás y niños lo han agradecido y disfrutado.

B) De persona a persona

Mejorando la imagen del vendedor a domicilio

Les está hablando alguien que conoce las dos caras de la moneda, los dos lados de la puerta. Sé lo que es buscar clientes llamando a timbres de desconocidos, y también he utilizado muchas veces la mirilla para decidir si abría o no la puerta a un vendedor.

Por eso me alegró trabajar para cambiar la actitud del consumidor hacia el vendedor a domicilio. Lo hice a través de una campaña que tenía como única estrategia mejorar la imagen de estos profesionales. *«De persona a persona»* era el *slogan*. Prestigiábamos al vendedor de enciclopedias, como un asesor que se tomaba la molestia de acercarse hacia su hogar para recomendarle algo que podía ser de su interés.

Comento esta campaña como un buen ejemplo a seguir por entidades o empresas necesitadas precisamente de estrategias de cambio de actitud. Pienso también en otra campaña que realicé, en este caso para una asociación de disminuidos físicos.

Un *spot* de televisión mostraba los rostros excitados de unos atletas antes de la salida. Sus nervios, sus preparativos para la gran prueba. El suspense no se aclaraba hasta los últimos segundos del *spot*, cuando el plano se abría para mostrar las sillas de ruedas de estos participantes.

Son gente absolutamente válida, igual que tú, quizás con más pasión por el deporte que tú, trátalos como a uno más, veníamos a decir a los telespectadores. Si son capaces de correr los 42 kilómetros de una maratón en su silla de ruedas, ¿no podrán trabajar ante un ordenador en tu oficina?

Luchar contra esa hipocresía que confunde caridad con desprecio o menosprecio, trabajar por la integración de personas que son sólo minusválidas en un determinado aspecto físico, requiere una estrategia unívoca y decidida. Emotiva y directa. Que no se ande con rodeos. Y que rompa moldes.

También Hacienda ha realizado grandes campañas para cambiar la actitud de los ciudadanos hacia los impuestos. De la mano de la publicidad, este ministerio ha conseguido poner las cosas en su sitio y avanzar a toda velocidad en la conciencia de la gente.

Convencer a todos los ciudadanos de que cumplieran con

Hacienda requería, de entrada, evitar que quedaran como *héroes* los que se jactan de no cumplir con esas obligaciones. En entidades como ésta, cambiar actitudes es el «ser o no ser» de sus futuras campañas.

4.5. La búsqueda de la actitud ideal

A) Plátano, sí

Ganar consumidores adultos y consolidar a los pequeños

Walt Disney fue un mago capaz de convertir en oro todo lo que tocaba. Sus maravillosos dibujos han hecho milagros. Y también sirvieron para vender plátanos de Canarias durante algunos años.

¿Por qué prescindí, pues, de un genio indiscutible como él cuando ganamos por primera vez una campaña de la Comisión Regional del plátano (CREP), de Canarias?

Fueron razones de estrategia. Los dibujos animados habían creado una imagen de esta apetitosa fruta muy asociada al público infantil, pero absolutamente alejada de los adultos y de los jóvenes que ya no se consideran niños. Además, moverse en terrenos de fantasía es algo totalmente recomendable en golosinas, por ejemplo, pero poco aconsejable en productos de alimentación. Debíamos cambiar la actitud de los adultos ante el plátano.

Por todo ello, propusimos una estrategia bidireccional. Íbamos a mantener satisfechos a los más pequeños pero captando un público joven y adulto para el consumo de esa fruta isleña. Porque, entre otros motivos contundentes, teníamos los estadísticos: en España hay más plátanos de Canarias que meriendas infantiles.

La popular adivinanza «*Oro parece, plata no es*» nos fue de gran utilidad para iniciar ese reposicionamiento. Era como descubrir algo nuevo para un grupo de consumidores. El segundo paso buscaría la consolidación. De ahí que, más adelante, «*Plátano, sí*» fue nuestra campaña de afirmación del plátano para todos los públicos. El *spot* no negaba la diversión, pero mostraba a gente de todas las edades y posiciones sociales dando su voto afirmativo a esta maravillosa fruta.

B) Él nunca lo haría

Fundación Purina, una idea vendedora que salva vidas

Un perro o un gato pueden dar brincos de alegría, devorar el plato en un santiamén y derrochar energía, pero todavía no pueden expresar con palabras su agradecimiento por un gran banquete. De ahí que, por ahora, no son ellos los que deciden su menú.

La imaginación no tiene límites, y mucho menos hablando de estrategias. Con un producto como los alimentos de Gallina Blanca Purina y unos consumidores como los perros y gatos de los hogares españoles, había que abrir un camino original que los acercara. Había que estrechar lazos y superar distancias.

En este contexto nació una idea fuerte, vendedora. Los directores de Gallina Blanca Purina creyeron en nuestro entusiasmo y la aceptaron, aunque fuera a largo plazo y pareciese alejada del objetivo más inmediato.

Algo estaba muy claro: el amor y devoción por los animales de quienes los tienen en casa. La mejor manera de estrechar lazos emocionales era ayudar a estos animales.

La Fundación Purina nació con el objetivo de defender los derechos más elementales de perros y gatos.

Cabe decir que Luis Plana, entonces director de Gallina Blanca Purina, ahora vicepresidente para Europa de Ralston Purina, y Javier Mir, su sucesor y actual director, son de esos clientes de los que aprendes cada día.

Luis nos trajo un artículo americano en el que se anunciaba

que en un futuro las campañas ya no buscarían mejorar directamente participación de mercado, sino mejorar la participación en el corazón de los consumidores, porque sólo así se puede ganar definitivamente participación de mercado. Comentando juntos este artículo creímos todavía más en la Fundación Purina.

«No lo abandones. Él nunca lo haría». Una foto. Los ojos tristes de un perro recién abandonado por sus dueños en la carretera valían más que mil palabras. Reforzaban esa injusticia que se convertía en plato del día cuando llegaban las vacaciones. Inevitablemente, aquel gracioso cachorro que parecía una bolita de peluche acababa pesando 30 kilos. Y lo que en invierno había sido la alegría de la casa, en verano se convertía en un engorro. ¿Qué he hecho yo para merecer esto?, parecía gritar nuestro animal desde la impotencia de quien se sabe condenado a muerte.

La campaña caló hondo. Iniciada con poco presupuesto, buscando repercusión en los escaparates de tiendas de todo tipo que voluntariamente quisieron colocar el cartel, consiguió remover conciencias y nos obligó a constantes reimpresiones.

Aquel mismo verano acabaríamos ampliándola a vallas, que se programaron gratuitamente gracias a la colaboración de algunas compañías de Publicidad Exterior. Nuestro esfuerzo estratégico se había visto premiado por la acogida, y la guinda la acabó poniendo otro premio: la valla de oro como mejor valla del año, de la Asociación de Empresas de Publicidad Exterior. En la temporada siguiente nuestro mensaje se estrenaba ya en televisión.

Sin duda, una estrategia basada en el altruismo se convirtió en una de las más rentables que recuerdo. Sin apenas presupuesto, tuvo una notoriedad que muchos desearían con inversiones millonarias.

Salvamos las vidas de muchos perros, que hoy siguen siendo los mejores amigos de sus dueños. Y que, probablemente, comen alimentos de Gallina Blanca Purina.

C) La cerveza de aquí que más se vende en Europa

Ir más allá del briefing *y ganar un concurso de estrategias*

Tengo mi opinión particular acerca de los concursos entre agencias para disputarse una cuenta. Sobre todo cuando buscan ejecuciones creativas pero impiden ahondar en el *briefing* en busca de la mejor estrategia.

Por eso agradecí enormemente la invitación para concursar por la cuenta de San Miguel en 1990. En primer lugar, porque era la oportunidad de volver a trabajar para nuestro cliente, de la mano de su nuevo director general, José Luis Cayón, después de un paréntesis de un año. En segundo lugar, porque se trataba de un concurso que buscaba una gran estrategia vendedora, más que un fuego de artificio creativo.

Ganamos. No sé si por ser los más listos, pero seguro que por haber trabajado con más ahínco que nadie y por haber agudizado nuestra imaginación en busca de un posicionamiento nuevo, creíble y vendedor.

Saltamos fronteras, y dimos con un argumento de venta contundente, gracias a ir más allá del *briefing* e investigar sobre una pista sugerente que nos mencionó el propio cliente. Resultó que San Miguel era la cerveza española que más éxito tenía fuera de nuestras fronteras.

Y ésa iba a ser nuestra estrategia. En pleno proceso de integración a Europa, con las cervezas francesas, inglesas, danesas, alemanas u holandesas, acechando en cada esquina para invadirnos con sus espumas, lo mejor era coger el toro por los cuernos.

Nos ayudó contar con un cliente ambicioso, que supo correr el riesgo porque entendió los beneficios. La campaña creativa, salpicada con unas dosis de humor, reproducía situaciones equívocas de españoles que se citaban en Roma o Londres con una cerveza San Miguel como contraseña para reconocerse.

Convertimos esa vocación europea en noticia. *«San Miguel:*

la cerveza de aquí que más se vende en Europa», lanzaba un doble mensaje. El primero, sobre la calidad europea del producto. El segundo, sobre su procedencia cercana y su carácter autóctono.

4.6. Potenciar nuevos usos

A) Avecrem, a mano

Guisando estrategias para ampliar cuotas de mercado

¿Y ahora, qué? Segundos después de crear algo, lo más importante es saber qué hacer con ello. Posicionar un producto es darle aliento, permitirle sobrevivir en el mercado. De ahí que lo que podría llamarse buscar nuevos usos para un producto tenga tanto que ver con las estrategias de posicionamiento.

Y de reposicionamiento, porque ante las revoluciones en los hábitos sociales, es necesario recurrir con frecuencia a la imaginación para descubrir nuevas cuotas de mercado, nuevos consumidores, nuevas oportunidades.

Si una pastilla de Avecrem concentra en poco más de un centímetro cúbico una cantidad extraordinaria de alimento y sobre todo de sabor, mi experiencia publicitaria con este cliente concentra éxitos y recuerdos impresionantes.

Jaume Tomás, Paco Fernández Payán, José Luis de Córdoba y Enric Virgili son cuatro extraordinarios profesionales, que juntos forman un equipo demoledor. Una reunión con ellos es como una olla a presión con docenas de ideas en ebullición.

Con los cuatro, y con otro gran profesional, el publicitario Robert Rodergas, entonces director de Demer, la agencia creativa de Gallina Blanca, que fue el que nos encargó la campaña, trabajamos en busca de nuevos argumentos y nuevas soluciones domésticas para usar las pastillas de caldo Avecrem.

Se había optado por reposicionar el producto como mucho más que unas pastillas para hacer caldo. Fue la decisión estratégica más importante tomada por Avecrem desde sus inicios. Con ella se convenció a cocineros y cocineras de la utilidad de estas pastillas concentradas de caldo como condimento para todo tipo de guisos.

Con el famoso *«Chup, chup, Avecrem»*, uno de los *slogans* que más satisfacciones me ha dado, conseguimos potenciar ese nuevo posicionamiento. Más adelante llegarían otras tres palabras, *«Avecrem, a mano»*, fruto del trabajo conjunto con Paco Fernández Payán, para insistir en la necesidad de tener muy cerca de la preparación de cualquier plato una pastilla con todo el sabor Avecrem.

Para verduras, para macarrones, para estofados de carne. Como sustitutas de la sal, las pastillas se fueron ganando su presencia en decenas de platos de cada familia.

Avecrem había superado el simple consomé, para abrirse a un uso mucho más generalizado. En millones de hogares todavía se siguen esos buenos consejos para dar más sabor a las recetas caseras.

5

LOS 10 PRINCIPIOS DE LA CREACIÓN

En busca de la idea capaz de mover montañas

5.1. De los cinco sentidos al séptimo arte

Hemos comprobado la trascendencia de cualquier paso previo a la ejecución publicitaria. Analizar el producto detalladamente, profundizar en el estudio motivacional del consumidor, diseñar una estrategia creativa a medida de las necesidades y posibilidades reales de la empresa...

Ha llegado el momento de abrir el telón a la creatividad publicitaria. Toda nuestra investigación y estrategia será eficaz en función de cómo se traduzca en una imagen gráfica o en un *spot*.

El pintor Paul Klee dijo que «*el arte no reproduce lo visible, sino que hace visible lo que no siempre lo es*».

Éste es para mí el gran secreto de la publicidad. Que es un arte. Usa argumentos racionales, refleja costumbres y hábitos, pero trasciende la vida cotidiana. Usa técnicas periodísticas, pero también literarias. Juega con la realidad, pero no desaprovecha las posibilidades de la ficción.

Un *spot* no tiene por qué limitarse a mostrar lo que vende, debe hacer visible lo que no lo es, porque muchas veces es algo invisible lo que convierte en deseable un producto.

La publicidad emociona, enamora, seduce. Suscita pasiones. Un kilo de publicidad puede tener 999 gramos de racionalidad, pero brillará y se distinguirá por su gramo de locura.

Un gramo de locura

Quizás un trabajo perfecto de ingeniero ha preparado una auténtica bomba de relojería capaz de hacer oír su explosión a cien kilómetros a la redonda, de impactar en el mercado, incluso de levantar polvareda y convertirse en un *boom* sensacional y ensordecedor.

Pero algo debe encender la mecha y para ello se requiere la chispa creativa.

Hemos hablado de bombas en términos absolutamente figurativos, porque esto no es la guerra. Aunque en muchos casos se plantee una especie de lucha, como en el momento de la ejecución publicitaria, en la defensa de si es más importante «lo que se dice» que «cómo se dice».

Espero que los argumentos dados hasta ahora, apostando por el máximo rigor en la construcción de una estrategia y la definición de nuestro mensaje publicitario, no confundan al lector.

Soy partidario de sumar y no de restar, y creo fervientemente en «lo que se dice». Pero, del mismo modo, debo confesar que el terreno en el que se desarrolla la mayor parte de mis esfuerzos es en el de la definición del «cómo se dice».

En muchas ocasiones, la forma en que se dice es lo que brinda al producto o servicio la posibilidad de diferenciarse de los demás.

Cada producto definirá su estética, su personalidad, su atractivo, su imagen. Si Eva no hubiera buscado la manzana más tentadora de todo el paraíso y no le hubiese sacado todo el brillo para deslumbrar a Adán, tal vez no hubiera conseguido que la probase.

La persuasión viene de lejos, es inherente a nuestro comportamiento desde que el hombre es hombre.

De ahí que la estrategia de marketing no pueda olvidar algo muy importante: el receptor de nuestra publicidad. Cuando ya sabemos qué queremos decir, hemos recorrido sólo medio camino.

Nos queda por descubrir qué es lo que el espectador quiere oír. Informar y convencer sí, pero seducir y entender, también.

Hablamos de la publicidad como arte, con los matices de la pintura y los recursos de la literatura. Y de la publicidad como espectáculo, sensible a los cinco sentidos, ansiosa por experimentar con el sexto sentido. Y capaz de codearse con el séptimo arte.

Un buen concierto requerirá los mejores instrumentos, sus más brillantes intérpretes, un gran director y muchas horas de ensayo para que cada uno esté en su lugar.

Pero la mayor diferencia entre un concierto y otro es la música que se interpreta, la composición. Del mismo modo que lo que distingue a unas agencias de publicidad de las otras es su trabajo creativo. Los creativos somos los compositores, y cuanto mejor es nuestro trabajo, mejor suena la orquesta.

Supongo que ustedes conocerán la fábula del burro flautista. El animal encuentra una flauta abandonada y consigue hacerla sonar por casualidad. Toda fábula tiene su moraleja, y a eso vamos: sin comprender las reglas del arte, conseguir algo parecido es pura casualidad.

Esta historia viene a cuento porque algunas veces aparecen creativos capaces de componer una sinfonía maravillosa con una sorprendente facilidad, pero que desafinan desagradablemente en el resto de sus creaciones.

La explicación es fácil: la sinfonía sonó por casualidad, como le ocurrió al simpático asno que soplaba la flauta. Hay una enorme diferencia entre un brillante creativo sin conocimientos de base y el que sí los tiene.

El primero puede obtener una matrícula de honor en una campaña pero suspender estrepitosamente en la próxima, mientras que el buen creativo, que además se ha preocupado por entender el funcionamiento de la publicidad, se mantendrá en un nivel del notable a la matrícula, pero jamás desafinará.

La explicación también es muy fácil: podrá tener más o menos inspiración, pero domina el solfeo.

La experiencia me ha llevado a resumir en diez grandes principios la base teórica que un buen publicitario debe dominar. Conocerlos es tan imprescindible como lo es aprender solfeo para el músico.

Son los principios generales de la buena publicidad.

5.2. Los diez principios generales de la publicidad

I) La buena publicidad vende el producto hoy y construye la marca para mañana.

Vender es casi siempre el primer objetivo publicitario, y más en época de crisis. Pero construir la marca para el futuro es, en muchos casos, tan o más importante.

Ambos objetivos estratégicos son perfectamente compatibles, y muchas veces el segundo refuerza el primero.

Creo que a estas alturas del libro ya nadie duda de mi pasión por la efectividad de la publicidad. Pues bien, quiero recalcar que la efectividad completa es la que consigue vender mucho hoy, y construir muy bien la marca para mañana.

II) La buena publicidad capta la atención del espectador inmediatamente.

Cada vez hay más publicidad. En televisión y en los demás medios. El espectador, o el lector de prensa, se defienden de ello prestando menos atención. Si el *spot* o la valla o la página de publicidad, no captan su atención en los primeros tres segundos, ya no la captarán. Por eso son tan importantes los primeros segundos de un *spot*, o el titular y la imagen de un anuncio de prensa.

III) La buena publicidad contiene una fuerte idea de venta y promete un beneficio interesante y alcanzable para el consumidor.

Ésta es la misma esencia de la publicidad.

El grupo Ogilvy cuenta en su galería de películas publicitarias excelentes con todo un clásico que resume perfectamente este principio. Una magnífica idea que desde hace años cosecha éxitos de ventas.

Imagínense que quieren poner a prueba un pegamento tan poderoso como Super Glue. ¿Serían ustedes capaces de dejarse colgar boca abajo desde el techo, con el único soporte del Super Glue en la suela de sus zapatos? Supongamos algo más. Que han aceptado y ustedes ya están colgados, sin ningún peligro gracias a este pegamento especial. Pero... ¡sí, existe un pero!

Aparece inoportunamente en la habitación su perro, más juguetón que nunca, que se divierte tirando de su corbata, desafiando aún más el experimento con esta ayudita extra a la ley de la gravedad.

No hace falta que imaginen tanto. Todo ello, realizado sin trucos y amenizado con buen sentido del humor, es la idea vendedora y la promesa de Super Glue.

IV) En la buena publicidad, la idea es simple, clara y se entiende a la primera.

El espectador no se sienta delante del televisor para descifrar *spots* ininteligibles, ni el conductor para su coche para poder entender mejor el contenido de una valla de carretera.

Muchos *spots* son demasiado difíciles de entender. El ingenio creativo no se demuestra con analogías complicadas o historias rebuscadas. Saber dar con ideas claras que hablen y convenzan por sí solas es el mayor signo de inteligencia y adaptación al medio que podemos dar los creativos.

Para anunciar un vino como Country Manor, la idea del *spot* no pudo ser más simple y afortunada. Un plato de mejillones en una mesa, se oye cómo descorchan una botella, aparece la botella de Country Manor al lado del plato y los mejillones empiezan a aplaudir al vino rindiéndole una calurosa ovación. El *slogan «Country Manor, para platos con buen gusto»* remata con un juego de palabras esa idea expresada con los mínimos medios pero con enorme capacidad de relevancia.

V) La buena publicidad destaca de la competencia, del resto de la publicidad y del entorno.

Muchas veces la audiencia confunde las ideas porque hay demasiadas semejantes. Así, según cómo se plantea una campaña, puede acabar favoreciendo a sus competidores. Por ello la buena publicidad ha de destacar no sólo de su competencia y del resto de la publicidad, sino también de todo su entorno, como lo hizo la campaña de Byly.

Byly era el líder en el mercado de los desodorantes en crema, pero afrontaba el reto de crecer y plantar cara a verdaderos gigantes del sector en otras modalidades. El desafío requería dotar de una personalidad aplastante a esa marca.

Y dimos con un símbolo: los cerditos. Hasta entonces, todos los *spots* hablaban del mal olor corporal, pero nosotros lo enseñamos mostrando a un grupo de personas que llevaban todas ellas un cerdito debajo del brazo.

Una imagen vale más que mil palabras. Por eso el *spot* destacó. Cuatro premios de oro en Cannes, Fiap, San Sebastián y Nueva York, junto a otros muchos galardones, en Hollywood y en los premios Clio, hablan por sí solos.

Pero lo más importante es que las ventas crecieron rápidamente de forma muy considerable, a pesar de la modesta inversión en emisiones del *spot*.

Los cerditos consiguieron un milagro: la gente creía haber visto el anuncio más veces de las que en realidad lo había hecho. Habíamos demostrado un gran olfato apostando por ellos: dieron a Byly la personalidad relevante y diferenciada que perseguíamos.

VI) La buena publicidad es memorable.

La buena publicidad ha de ser memorable, y no sólo al día siguiente, como miden los tests de recuerdo más populares, los *day after recall test.*

La buena publicidad ha de ser recordada también a la semana siguiente, al mes siguiente, ¡y al año siguiente!

El consumidor no siempre tiene previsto comprar el producto al día siguiente de ver el anuncio.

Los ordenadores de la línea Macintosh vieron la luz pública en el año 1984. Es difícil de olvidar porque lo hicieron con un *spot* televisivo de 60 segundos que consiguió la fama desde su primer pase. Apple no se quedó corta para el lanzamiento mundial de estos ordenadores que han cambiado por completo el mundo de la autoedición y el diseño.

La novela futurista *1984*, en la que George Orwell había anticipado un planeta sin libertades individuales para esta fecha, servía de ambientación para unas imágenes de suspense en las que se veía a los ciudadanos de un mundo gris, controlado por el Gran Hermano desde una enorme pantalla.

Una mujer perseguida por agentes del orden y armada con un gran martillo corría a toda velocidad y conseguía romper la pantalla. Justo en este preciso instante aparecía la leyenda: *«El próximo 24 de enero Apple presenta sus modelos Macintosh y verán por qué 1984 no será como 1984»*.

La vinculación a un tema de actualidad como lo era aquel año la famosa novela profética a la que por suerte el tiempo no había dado la razón, y la extraordinaria realización del *spot,* que llegaba a causar escalofríos, consiguieron penetrar en las memorias unánimemente.

VII) La buena publicidad es relevante para los posibles consumidores del producto.

La mayoría de gente siente que la publicidad no va dirigida hacia ellos. Hemos de lograr, segmentando bien, hablar directamente al espectador. Que se sienta aludido.

Un buen creativo sabe que un *spot* de televisión no puede hacer milagros y llamar la atención de TODA la audiencia. Y debe saber que tampoco es eso lo que le interesa. La ejecución publicitaria actúa como filtro y consigue que miles de telespectadores desconecten automáticamente sus dispositivos de atención mientras otros miles clavan la mirada porque lo que sucede en la pequeña pantalla «les dice algo».

De ahí que sean admirables los *spots* que consiguen llevar el agua a su molino en esa segmentación instintiva. Un *spot* internacional de los productos infantiles Lego consiguió ser absolutamente relevante para los niños y padres en condiciones de jugar con su imaginación y con la ayuda de las piezas de montar.

El *spot* describe una batalla de fantasía en la que, a toda velocidad, las piezas Lego van configurando una enorme variedad de figuras.

Un ratón descubre la presencia de un gato y decide transformarse velozmente en perro. Cuando el gato deriva en dragón, aquél se convierte en coche de bomberos para hacerle bajar los humos. El dragón remojado reaparece en forma de submarino, de manera que el coche de bomberos se recicla en ballena. Sofisticados tanques con misiles y antimisiles complican el duelo hasta que el enemigo se convierte en un gran elefante. Es el momento adecuado para que el ratón vuelva a su personalidad inicial y asuste al animal grandote ganando la pelea por K.O.

Todo un prodigio imaginativo capaz de demostrar las infinitas posibilidades de uno de los juegos más creativos de la historia. Una sucesión de imágenes incapaz de dejar fríos a padres e hijos, a los que les seduce agudizar su ingenio y construir mundos artificiales donde vivir sus sueños en forma de juegos apasionantes.

VIII) En la buena publicidad, la marca está integrada en la idea central.

No hace mucho me encontré con un amigo que me comentó, entusiasmado, un *spot* que había visto la noche anterior por televisión. «Es fantástico», me dijo, explicándome el *spot* con toda suerte de detalles, desde el principio hasta prácticamente el final. «¿Qué marca anunciaba?», le pregunté yo. Se quedó, primero dubitativo, y después mudo, lo que aproveché para decirle que el *spot* debía ser bastante malo si él no era capaz de recordar qué marca anunciaba.

Los segundos de radio y televisión o los milímetros de papel en prensa valen tanto dinero que no es cuestión de desperdiciarlos. No hay nada peor que conseguir un anuncio tan memorable y relevante por su originalidad que los consumidores no presten ninguna atención a la marca, o no sean siquiera capaces de recordar de qué clase de producto se trata.

De ahí que una idea tan cargada de ironía como la que utilizó Schweppes merezca aparecer en esta lista de grandes anuncios ejemplares.

Se trata de un anuncio que se presentaba como «*Un servicio público al consumidor*», en el que el famoso actor inglés John Cleese alertaba a la audiencia sobre los peligros de la publicidad subliminal. Durante su intervención, la marca Schweppes iba apareciendo en los lugares más inverosímiles.

La pronunciaban unos bustos de piezas de caza colgados de la pared, aparecía intermitentemente en los cuadros, en la suela del zapato del presentador... como una auténtica pesadilla. Todo un guiño al espectador en el que el propio *gag* requería que la marca apareciera sin cesar, por lo que difícilmente alguien puede comentar el original *spot* y haber olvidado cuál era la marca anunciante.

IX) La buena publicidad no es un anuncio aislado, sino una campaña, capaz de perdurar y crear un activo publicitario.

Las campañas cambian demasiado a menudo y no dan tiempo a que el espectador las asimile. Una buena idea creativa puede durar veinte años o más. Naturalmente, adaptándose a las corrientes actuales, pero manteniendo la idea inicial. Así se crean los auténticos activos publicitarios como el cowboy de Marlboro.

Precisamente en el grupo Bassat Ogilvy tenemos fama de crear campañas fuertes y duraderas. Les ruego que repasen este principio en las dos lecturas que admite.

En primer lugar, asegura que solamente cuando tras un anuncio hay una buena idea se nos abre la posibilidad de convertir esa idea en toda una campaña. En segundo lugar, cabe entender que cuando se ha encontrado una buena idea, desaprovecharla para un único anuncio puede ser un gran error, si realmente admite la evolución a una campaña completa.

Con American Express, un gran cliente nuestro, Ogilvy & Mather desarrolló a nivel mundial una excelente idea para promocionar la exclusividad de sus tarjetas de crédito. Su campaña de notoriedad se basaba en testimoniales de personajes más famosos por su nombre que por su rostro.

«¿Me conocen?», decía cada uno de los personajes que protagonizaban el anuncio. Durante unos segundos, el popular en cuestión explicaba los privilegios de ser tratado como merecía en todo el mundo, gracias a su tarjeta de crédito. En el momento de mostrar la tarjeta American Express, aparecía el nombre del titular, descubriéndose su identidad.

Esta idea, que refuerza cómo personajes de primera línea reciben un trato de primera precisamente por su tarjeta, se ha ido aplicando a cada país con aquellos testimonios más adecuados. Así, desde el famoso músico francés Michel Legrand hasta Ron Reagan, hijo del ex presidente norteamericano, pasando por el gran arquitecto catalán Ricardo Bofill o Luciano Bennetton, han venido demostrando que American Express es mucho más que una tarjeta.

La campaña actual, evolución de la anterior, consiste en mostrar famosos de todo el mundo, con pies de foto tan sencillos como «*José Carreras. Titular desde 1978*».

X) En la buena publicidad el mensaje se adecua a las características de los medios, aprovechando todas sus ventajas y aceptando sus limitaciones.

La televisión es un medio pequeño en tamaño. No permite gigantescos planos. Hay que adecuar el mensaje a sus características, partir de ideas fuertes, claras y sencillas, que se entiendan en ese tamaño. Puede ser más eficaz la cara de una persona, que todo un ejército.

Cada medio tiene sus características y la buena publicidad ha de saber sacar el máximo partido de ellas. Aprovechar todas sus ventajas y aceptar sus limitaciones.

Lo veremos, con detalle, un poco más adelante.

6

LOS 10 GRANDES CAMINOS CREATIVOS

Me gusta caminar

6.1. De la razón a la emoción, con argumentos

Hubo un tiempo en que, por lo visto, todos los caminos llevaban a Roma. Pero hoy sólo algunos, muy pocos, conducen al creativo publicitario hacia el éxito. Buscarlos, recorrerlos, examinarlos, conocerlos... caminarlos, en definitiva, ha sido y es una de mis grandes obsesiones profesionales.

Algunas veces, avanzando paso a paso a través de esos caminos creativos, he llegado a confundirlos. En el desierto, un espejismo puede ser más atractivo que un oasis auténtico, y en publicidad algunos callejones sin salida se confunden con sugerentes atajos con los que se pretende avanzar posiciones demasiado deprisa.

Esto explica que en algunos momentos creyese haber llegado a descubrir hasta 21 caminos creativos válidos en publicidad. Pero seguí trabajando en ellos y, finalmente, llegué a la conclusión de que los auténticos caminos creativos se pueden contar con los dedos de las manos. Voy a hablarles de esos diez caminos creativos básicos, que evidentemente pueden combinarse entre sí, en mayor o menor grado, permitiendo, de este modo, que la creatividad publicitaria sea infinita.

Hace un tiempo dimos con un *slogan* que me pareció muy acertado para la campaña de nuestro cliente Camper, una marca de calzado con personalidad aplastante y necesitada de mensajes contundentes que reflejasen esa personalidad.

«Me gusta caminar» fue el *slogan* genérico de una campaña que reflejaba el espíritu inquieto de la gente que se identifica con esa marca. Y es también toda una filosofía creativa que empecé a practicar modestamente yo, aquí en España, y que hoy ha sido adoptada mundialmente por Ogilvy & Mather Worldwide.

La base de una publicidad creativa y eficaz está en estos diez caminos creativos fundamentales, y me encanta caminarlos. Les invito a que lo hagan conmigo. No se arrepentirán de este paseo, se lo garantizo.

Pero antes pasemos rápidamente por las tres vías de la comunicación:

A) La vía racional

Se caracteriza por ir dirigida fundamentalmente a la razón. Partiendo de esta base, se pueden utilizar caminos alternativos según sea el objetivo de la publicidad.

B) La vía emocional

Se basa en el principio de que cada argumento racional crea en la mente del receptor un contraargumento también racional. Por ejemplo, si se destaca que un producto es barato, inmediatamente puede surgir la sospecha de que no es demasiado bueno. La ventaja de las apelaciones emocionales es que no crean contraargumentos.

C) La tercera vía

Trabaja y combina las dos anteriores. Más allá del argumento, intenta influir también en la decisión de compra con la ayuda de incentivos propios de la emoción. Es la vía más utilizada, porque está muy claro que la publicidad requiere argumentos irrefutables, pero a veces éstos no lo son todo.

6.2. Los diez caminos básicos de la creatividad

En publicidad, tan erróneo puede ser pensar que lo importante es lo que se dice y descuidar la forma en que se dice, como concentrar los esfuerzos en ideas originales que no respondan a la estrategia.

Una vez definidos el posicionamiento y la estrategia, no hay que regatear esfuerzos en hacerlos llegar a la audiencia de forma diferenciada.

Hay agencias que utilizan a lo sumo tres o cuatro caminos creativos, con lo que, al final, muchas de sus campañas se parecen, y aunque eso pueda personalizar más la agencia, es, sin duda, en detrimento de la personalidad del anunciante. Yo siempre digo que las agencias no han de tener estilo propio, sino crear el estilo que personalice y diferencie a cada uno de sus clientes. Y esto se logra analizando en profundidad cada uno de los caminos creativos básicos antes de decidir cuál es el más acertado, o en qué combinación de caminos va a consistir la recomendación de la agencia.

El humor y la emoción podrían considerarse caminos creativos, pero yo prefiero verlos como parte integrante de cada uno de los diez caminos básicos de la creatividad.

I) El problema-solución

Es un camino tan antiguo como la publicidad misma, y sigue siendo el más efectivo cuando realmente existe un problema y el producto ofrece una verdadera solución.

Dicen que detectar un problema es el primer paso para resolverlo, lo que a pesar de ser cierto no debe confundirnos y llevarnos a prestar más protagonismo al problema que a la solución.

Según el problema sea o no consciente y el producto sea o no conocido, habrá una serie de combinaciones y oportunidades de desarrollar este camino creativo poniendo más énfasis en una u otra parte. Como en los anuncios que muestran un problema no solucionado por no utilizar el producto, o los problemas que el producto no consigue resolver, pero que puede hacer más llevaderos.

Me gustaría comentar un excelente ejemplo de esta última posibilidad, desarrollado durante años por la marca de cigarrillos Hamlet.

En sus sucesivas comunicaciones, se planteaban situaciones tan conflictivas como la del viajero desesperado que al recoger su equipaje de la cinta transportadora del aeropuerto observa cómo van llegando algunas de sus prendas fuera de las maletas; o el del atleta olímpico que ve frustrado su intento de encender la llama olímpica en el estadio por un inoportuno apagón de antorcha.

En ambos casos, y muchos más sugeridos por la marca anunciante, los protagonistas optaban por encender un purito Hamlet y tomárselo con calma. Viene a ser lo de «al mal tiempo, buena cara», y consigue despertar una atracción especial por el producto, a pesar de no aparecer como nada milagroso.

American Express utilizó la variante «problema no solucionado por no usar el producto» en un *spot* en que se veía a unos turistas alarmados explicándole a un guardia urbano que habían perdido la cartera, a lo que el agente les tranquilizaba recordándoles que *«con cheques de viaje American Express, ningún problema»*. La cara de sorpresa e impotencia del guardia cuando los turistas respondían que no, que sus cheques no eran de American Express, hablaba por sí sola: no había solución.

Alka Seltzer, un producto digestivo que justamente es necesario sólo cuando aparece un problema, creó un *spot* que incluía una historia publicitaria dentro del propio anuncio.

Simulaba el supuesto rodaje del *spot* de una salsa picante, en el cual un italiano humilde, cenando en camiseta, elogiaba con entusiasmo y un espontáneo «*Mamma mía*» el sabor de unas albóndigas picantes. Después de 59 tomas fallidas, en cada una de las cuales había probado un bocado de albóndigas, el actor estaba al borde de la indigestión y la expresión de su rostro no era precisamente de apetito. Una pequeña pausa tomando Alka Seltzer era la solución. El actor volvía a iniciar sus frustrados intentos de exclamar el *slogan* con la misma ilusión del primer bocado.

Recientemente nuestra agencia realizó un *spot* para tostadoras Moulinex que se basaba en este camino, el problema-solución, también con sentido del humor, exagerando y caricaturizando el problema.

El argumento de venta era que las tostadoras Moulinex mantienen las tostadas calientes, y para representar lo que ello nos podía evitar, el *spot* mostraba las desafortunadas peripecias de un joven para llegar a la cocina a tiempo de comerse sus tostadas en el punto.

Todavía a medio vestir, tropezaba con sus propios pantalones y con la puerta, pisaba al gato en plena carrera, provocando que el animal destrozara una pintura colgada en la pared, y aun así llegaba a la cocina cuando ya estaban duras y frías.

«Si quieres comer las tostadas calientes, Moulinex las mantiene en su punto durante minutos», advertía la voz en *off*.

II) La demostración

Consiste en demostrarle al consumidor, de manera clara y explícita, las ventajas racionales del producto, sus características, funcionamiento, aplicaciones prácticas, beneficios, etc.

Es la prueba visual de que el producto funciona, algo básico para convencer y vender.

Se trata de un camino que admite distintas variantes. Su objetivo puede ser puramente educativo, o bien perseguir la diferenciación respecto a la competencia. El protagonista puede ser tanto el producto como los beneficios que representa para el usuario. Su enfoque puede ser positivo (mostrar lo que el producto hace) o negativo (lo que puede evitar).

Siempre ha habido demostraciones, pero eso no ha de ser ningún obstáculo para la imaginación.

Recuerdo haber conseguido realizar hace ya muchos años, y con un clásico de las demostraciones como un producto de lavado, un *spot* original pero que cumplía rigurosamente el contenido formal de una demostración en toda regla.

Se trataba de presentar Elvi de Netol, un producto que, aplicado antes del lavado, potenciaba la acción del detergente y favorecía la desaparición de las manchas. Para ello decidimos utilizar una enorme piscina, en lugar de las típicas lavadoras.

Dos saltadores de trampolín se zambullían vistiendo camisas manchadas. Sólo una de ellas había sido rociada previamente con Elvi de Netol. Mientras la voz en *off* recordaba que las dos camisas serían lavadas con el detergente habitual, los nadadores se zambullían en una piscina repleta de espuma y daban un par de volteretas en su interior, simbolizando el proceso de lavado.

La mujer que comprobaba los resultados era contundente. Observaba que la camisa tratada con Elvi ya estaba limpia, pero la otra *«debía seguir lavándose»*, acción que se hacía patente con un severo empujón al nadador de la camisa sucia.

Una idea fuerte, diferente y memorable, que permitió demostrar con rigor las ventajas del producto, exactamente lo que nos había pedido nuestro cliente, Rafael Camps.

Hallar la chispa que desmarque un *spot* de «los del montón» es siempre garantía de mayor memorabilidad. Un anuncio televisivo de pelotas de tenis de la marca Penn llevaba a las máximas consecuencias esa premisa. Tenía los ingredientes esenciales de toda demostración, con un lanzamiento simultáneo desde lo alto de un rascacielos de varias pelotas Penn, para que se comprobara cómo todas ellas rebotaban exactamente a la misma altura y el mismo número de veces, muestra de uniformidad y calidad de la marca.

La guinda venía de la mano del humor. La cámara enfocaba

de nuevo a los científicos en lo alto del rascacielos, que decían: «*Veamos ahora lo que sucede cuando lanzamos a nuestro competidor.*» Lo que acompañaba estas palabras no era el previsible lanzamiento de otra pelota de tenis, sino que lanzaban directamente a un hombre —el competidor, claro— de cabeza al vacío. Sin duda una exageración sobre lo que algunos fabricantes desearían hacer con sus competidores, que hacía inolvidable la demostración de Penn y su carácter probablemente más duro que el de las pelotas que promocionaban.

«*En el tiempo que dura este anuncio, Knorr prepara una sopa instantánea.*» Éste fue el concepto que preparamos para que Knorr presentara unas sopas instantáneas individuales que requerían sólo 20 segundos de preparación.

Con el televisor como notario de la realidad, no había que hacer demasiadas florituras. Tan sólo demostramos que en esos poquísimos segundos que dura un *spot*, se podían seguir todos los pasos que conducían desde el sobre de Knorr hasta la primera cucharada de sopa. En el justo tiempo.

Cuando hay algo importante que demostrar, sobran más explicaciones. El *spot* dejaba las cosas claras, y la sopa en su punto.

III) La comparación

Este camino persigue fundamentalmente un cambio de actitud en el consumidor, a favor del producto anunciado. Sabido es que el consumidor, cuando compra un producto de valor, lleva en la cabeza un repertorio de marcas, que conocemos como *short list*, entre las que elige una favorita para ir comparándola gradualmente, y por parejas, con el resto de la lista.

Conocido este comportamiento habitual del consumidor, el reto de toda marca es doble: en una primera fase, acceder a esa privilegiada *short list*, y una vez en ella, conseguir posicionar esa marca como líder o favorita.

Optar por la comparación puede ser muy útil. Porque anticipa ese proceso comparativo que inevitablemente efectuará el consumidor en el punto de venta.

La comparación ofrece una gran diversidad de variantes, incluso en nuestro país, donde la legislación no permite ataques ni alusiones directas a otra marca.

En España lo habitual es utilizar este camino para comparaciones de un producto con la competencia en general, lo que requiere una enorme seguridad en la ventaja diferencial para anunciarla como algo que no tiene ninguna otra marca.

En nuestra agencia conseguimos movernos «como pez en el agua» usando este camino para un *spot* televisivo de lavadoras.

La voz en *off* pronunciaba un argumento de venta de las nuevas lavadoras Philips en unos momentos en que todavía la mayoría de lavadoras centrifugaban ocasionando pequeños terremotos domésticos.

«*Las nuevas lavadoras Philips funcionan silenciosamente y sin vibraciones. Incluso en el centrifugado. Por eso muchos las eligen.*» Estas frases acompañaban la acción, desarrollada en un plano fijo que ofrecía dos lavadoras (una de ellas la nueva lavadora Philips) con una pecera en la parte superior de cada una de ellas.

Segundos después, la pecera de la izquierda comenzaba a vibrar poniendo en un enorme aprieto a su único habitante, un pececillo que, ante un centrifugado todavía más movido decidía dar el salto y pasarse a la pecera de la nueva lavadora Philips, donde las aguas eran mucho más tranquilas. A eso se refería la voz en *off* que anunciaba «*por eso muchos las eligen*».

La comparación puede ser también contra una versión anterior del mismo producto o de la misma marca. Volkswagen lo hizo con éxito para presentar su nuevo modelo Passat. Un presentador iba recordando los modelos utilitarios fabricados en la historia de Volkswagen, que iban cayendo como del cielo quedando aparcados cerca de él.

De repente, al anunciar «un nuevo gran modelo», caía un

Passat con tanta fuerza que hundía el suelo y quedaba aparcado en un sótano, sin sufrir un rasguño.

Este efecto sorpresa era aprovechado por el presentador para destacar que el nuevo modelo era «fuerte, confortable, bien diseñado, con todo lo que espera de un Volkswagen... sólo que mayor que los demás».

Existen más opciones todavía. Enfrentarse, por ejemplo, a una manera diferente de hacer algo.

He visto ya varios ejemplos, y en diversos países, de cómo las compañías ferroviarias atacan directamente los inconvenientes de los coches o del avión, sus dos eternos rivales, intentando llevar el agua a su molino.

Intercity consiguió un enorme impacto con un *spot* notablemente agresivo con las incomodidades del avión, en el que se veía a unos pasajeros sorprendidos porque, de repente, los asientos se volvían más cómodos, aumentaba el espacio entre ellos y las ventanas se hacían más grandes. Después de todos esos cambios, se veía que aquello había dejado de ser un avión para convertirse en un tren mucho más confortable.

En nuestras campañas para el gobierno catalán utilizamos también la comparación para promocionar que la gente hiciera deporte. El *spot* comparaba a ciudadanos de edades similares enfrentándose a retos deportivos y cotidianos. «*¿Así.... o así?*», iba indicando la voz en *off* mientras se contrastaba la agilidad de una joven haciendo flexiones con otra en graves apuros para recoger algo del suelo, o la fuerza de un hombre practicando halterofilia con la impotencia de otro para cargar con sus dos maletas de viaje. Las diferencias entre los que regularmente practicaban algún deporte y los que tenían abandonada su forma física eran evidentes y palpables.

El caso de Pepsi-Cola es probablemente el más emblemático de lucha comparativa con un competidor y líder de mercado como Coca-Cola. Este duelo se ha desarrollado en distintos escenarios, desde las clásicas pruebas a consumidores con los ojos vendados hasta *spots* con un ingenio remarcable que llevan la exageración a las máximas consecuencias. Pienso en realizaciones con buen humor, como la del frustrado vendedor playero de Coca-Cola, al que nadie se le acerca porque el sol aprieta y la arena está que arde, que comprueba desesperado cómo todos los bañistas son incapaces de resistir la tentación y se arriesgan a quemarse los pies, caminando a saltitos y entre sollozos, cuando se abre el chiringuito de Pepsi-Cola de al lado.

O en mensajes futuristas como el de un profesor y sus alumnos que, en pleno siglo XXI, beben Pepsi-Cola mientras visitan unas ruinas. Uno de ellos encuentra un botellín de Coca-Cola, y todos lo observan como una reliquia, porque ninguno tiene ni idea de qué pudo haber sido aquello.

Unas campañas, en definitiva, que huyen de argumentos comparativos racionales y buscan más la conexión emocional con su público y la provocación de los que siguen siendo fieles al líder.

IV) La analogía

Es un camino muy efectivo y de una enorme utilidad en productos cuya función es difícil de mostrar directamente, como pueden ser ordenadores o lubricantes. Es una manera de representar un producto o lo que éste hace realmente. La analogía busca una asociación de ideas en la mente del que recibe el mensaje.

Shell llegó a ingresar en el quirófano un vehículo para servirse de la analogía como camino creativo. La sorpresa e impacto que produce ver un coche en una camilla, arrastrado por unos enfermeros hacia un quirófano de urgencias, es suficiente para crear expectativas hacia el desenlace. Ya con la atención garantizada, el *spot* mostraba, con el único sonido de fondo de un latido de corazón humano, una intervención a corazón abierto en la que la solución llegaba con el recambio del lubricante por el aceite Hélix, objeto del anuncio.

La analogía servía para dramatizar la situación y para valorar la importancia vital de ese ingrediente para «dar larga vida» al automóvil. La prueba: con el nuevo lubricante, el vehículo sale aceleradamente, a toda velocidad, a comerse la calle y la carretera.

Binaca utilizó la analogía de un tablero de ajedrez en que las negras simbolizaban a la caries y las blancas a los dientes, para advertir de los peligros de la caries y realzar los resultados del dentífrico.

Algunas de las mejores analogías que recuerdo haber creado o visto son antropomórficas. Se trata de dramatizaciones representadas por y con seres humanos.

Para la Generalitat de Catalunya desarrollamos una campaña de sensibilización contra los incendios forestales. El objetivo estaba claro: había que encontrar una manera de dar a entender a los ciudadanos que, efectivamente, cuando un bosque se quemaba, algo muy suyo se quemaba.

Después de dar muchas vueltas a la idea, comprendí que había que recurrir a algo muy cercano al hombre, a lo más próximo al hombre, al propio hombre. Siguiendo la metáfora, estaba claro que si un país fuera una persona, su bosque serían evidentemente los cabellos.

Recuerdo que miré en el espejo mi pelo rizado y me lo imaginé como un bosque de pinos en peligro, siguiendo la analogía que estaba creando en aquel momento.

La realización vino sola, y fue de un enorme impacto. Un joven hablando a cámara dejaba una colilla encendida en su propia cabeza mientras empezaba a advertir sobre los peligros de dejarla en un bosque. En unos segundos, empezaba a salir humo de sus cabellos, hasta que retiraba la colilla y exclamaba el *slogan* con fuerza: «*Foc al bosc? Treu-t'ho del cap!*» («*¿Fuego en el bosque? ¡Quítatelo de la cabeza!*»).

En un caso menos dramático, y con la excepcional ayuda de un buen *casting* para conseguir un excelente actor, explicamos el funcionamiento del vídeo Philips sin tan siquiera mostrar el aparato en pantalla.

El actor, en primer plano, era el encargado de representar las funciones del vídeo, con gestos practicados con su mirada. ¿Qué podía hacer el vídeo Philips con la imagen? Estaba claro: repetirla, ralentizarla, acelerarla o buscarla (movimientos que el actor hacía guiñando el ojo a distintas velocidades o buscando con la mirada).

Por último me gustaría comentar una analogía para Gesal, la marca de abonos para plantas, que formó parte de la idea estratégica, del argumento de venta.

Gesal se dirigía a la gente que regaba sus plantas con agua una vez por semana, y para ello recurrimos a la comparación de las plantas con otros seres vivos. Si sólo damos de comer a las plantas una vez por semana (cuando al bebé se le da cada tres horas y al perro o al gato dos veces al día), ¿por qué no darles algo más que agua?

Era todo un argumento, para hacer pensar a los aficionados jardineros que gustaban de tener su balcón bien adornado y poblado de flores.

V) El símbolo visual

Se trata de expresar una idea visualmente para hacerla más memorable y duradera. Hay muy buenos motivos para decidirse por este camino. Veamos un par de ellos:

— El ser humano recuerda más y mejor lo que le entra por el nervio óptico que lo que le entra por el nervio auditivo. Eso explica que muchas veces reconocemos a una persona al ver su cara (imagen entrada en nuestro cerebro por el nervio óptico) y no conseguimos recordar su nombre (sonido entrado en nuestro cerebro a través del nervio auditivo).

— Está comprobado, también, que se recuerda más lo concreto que lo abstracto, lo que significa o representa algo que lo que no significa o representa nada.

Muchas empresas optaron hace décadas por símbolos visuales, casi siempre un animal, para representar su marca: el jabón Lagarto, el anís del Mono, la lejía Conejo, los cigarrillos Camel, el whisky Caballo Blanco, etc.

Habrá distintos tipos de camino creativo «símbolo visual», según si están relacionados o no con la marca, y según resalten o no alguna característica del producto.

Guardo un buen recuerdo de una campaña basada en el símbolo visual de la Cruz Roja. El *briefing* que nos dieron para presentar sus objetivos advertía del peligro que sufrían año tras año al anunciar su sorteo, porque la gran fuerza de la Lotería Nacional acababa absorbiéndoles hasta tal punto que muchos receptores no distinguían que se estaba hablando de un sorteo distinto, y de otra entidad.

Había que conseguir destacar por encima de todo la Cruz Roja, y el mejor activo de imagen de esta entidad es sin duda el símbolo visual que le da nombre.

Nuestro *spot* aseguró los 20 segundos de presencia del símbolo en pantalla, mostrando cómo se iba dibujando la Cruz Roja en una manzana del mismo color, que ocupaba la imagen desde el primer plano.

Se trataba de conseguir que cuatro mordiscos dejaran la manzana inicial convertida en Cruz Roja. «*Éste es un sorteo que apetece. Miles de personas podrán hincar el diente. Con jugosos premios. Un sorteo muy rico de la Cruz Roja, rica en humanidad*» era el *off* que acompañaba la imagen, apoyando con analogías apropiadas la fuerza de este símbolo.

Fue precisamente para la misma entidad, pero en Noruega, donde se trabajó un símbolo visual totalmente distinto, porque representaba al producto y no al logotipo o símbolo de marca. Era un *spot* promocionando el uso del cinturón de seguridad para niños en el asiento trasero.

El símbolo, cariñoso y de gran emotividad, consistía en dos brazos que abrazaban a una niña para protegerla, adoptando la misma forma del cinturón de seguridad, cuya imagen acababa sustituyendo a los brazos en un rápido encadenado. «*Cuida bien de los seres a los que quieres*» era el *slogan* que apoyaba las imágenes. En este caso, la misión del símbolo visual fue presentar el uso del cinturón como algo humano, natural y espontáneo, más que como un engorro obligado y mecánico.

A veces, un símbolo visual permite dar un mensaje con gran fuerza sin recurrir a imágenes que uno prefiere no utilizar. Para simbolizar las muertes de jóvenes en la carretera por culpa del alcohol, escogimos un símbolo impactante: un vaso servía para combinar gasolina con alcohol, e instantes después este líquido alimentaba una flor ante la lápida de un joven fallecido en accidente.

Tres símbolos muy claros para mostrar crudamente que mezclar alcohol y gasolina mata, sin necesidad de enseñar la sangre, y casi podría decirse que con igual o mayor impacto.

Los pañales Muletton nos llevaron una vez a crear un *spot*, combinación de símbolo visual y analogía, que puede ser útil para entender estos caminos como una puerta absolutamente abierta a la creatividad, y no como pautas o normas que limitan nuestro campo de acción.

Llamamos al *spot* «hombre del tiempo», porque nos servimos de los clásicos símbolos que indican lluvias, sol o nubes en las informaciones meteorológicas de la televisión, sólo que en vez de mapa se veía el culito de un niño con su pañal puesto. «*Los nuevos pañales Muletton anuncian un notable descenso de la humedad con ausencia de chubascos en el sur, y un constante nivel de tiempo seco en todo el territorio*», anunciaba el *off* mientras se iban colocando unos soles en el mapa-trasero.

Más recientemente, preparamos un *spot* para congelados Iglo en que un símbolo visual contundente se convertía en protagonista. Debíamos comunicar una nueva ventaja del producto, y ésta era que para preparar un sofrito ya no hacía falta la sartén.

El *spot* se limitaba a mostrar a una abuelita con aspecto de experta cocinera, en el momento de preparar un sofrito. Lo primero que hacía la señora era tirar la sartén, porque no le hacía falta para nada. Así de claro. Ningún espectador podía tener la más mínima duda sobre lo que la mujer nos estaba diciendo y la revolución que esto significaba en la cocina. El símbolo era más explícito que mil palabras.

VI) El presentador

En muchas partes se conoce como busto o cabeza parlante, y debo admitir que no goza de muy buena prensa entre los creativos. Consiste en la figura de un presentador ensalzando las virtudes de un producto. La fuerza del *spot* puede residir en el propio presentador, en lo que diga o en cómo lo diga. Encontrar la idea, persona y texto adecuados es imprescindible para que este camino dé buenos frutos.

Ha habido algunos casos en la publicidad española en que los presentadores han adquirido notoriedad especial, como el de Manuel Luque para los productos Camp, que llegó a convertirse en un personaje popular por su presencia como director general de la compañía y un *slogan,* no original, por cierto, pero que hizo fortuna: «*Busque, compare, y si encuentra algo mejor, cómprelo*».

A nivel de recurso creativo, recuerdo el impacto que conseguimos al anunciar una Exposición, tomando a un joven chino como presentador. Hasta aquí no habría nada que objetar, pero el caso es que el anuncio se pasaba en las televisiones de Cataluña y el joven hablaba en...¡chino!

Con toda seguridad, garantizábamos la atención de la gente, por lo sorprendente del hecho. Durante 20 segundos sólo aparecía en pantalla el busto parlante con un mensaje ininteligible para el 99,9% de los espectadores. Cuando la sorpresa empezaba a dar paso a la incomprensión del anuncio, una voz en *off* en catalán aclaraba: «*Entienda la China que nunca ha entendido. Visite la Exposición China Milenaria*». Imposible olvidar lo que anunciábamos, porque después de picar la curiosidad hasta este extremo la memoria aumenta su capacidad de retención.

VII) El testimonial

Son también cabezas parlantes, pero estratégicamente muy distintas porque hablan como usuarios del producto y remarcan sus ventajas como tales.

Según se trate de un experto, un famoso o una persona corriente, se cumplen unos objetivos y se corren unos riesgos distintos:

El experto incrementa la confianza, destaca los beneficios de productos difíciles de mostrar y se dirige a la parte racional del consumidor por el argumento de autoridad. Si no se hace muy bien, puede ser aburrido.

El famoso identifica la imagen del producto con la suya, y por tanto arrastra la identificación de sus seguidores. Supone un grave riesgo de vampirismo (robo de protagonismo al producto) y de falta de credibilidad (es conocido que cobran). Pero si se hace bien, puede ser un camino creativo de enorme efectividad.

La persona corriente consigue llegar a un segmento objetivo, hace que el público se vea reflejado y provoca una actitud racional en el espectador. El problema en este caso es conseguir una actuación improvisada para que el público vea realmente personas comunes, y no actores contratados.

Más que pronunciarme sobre hasta qué punto creo en este camino creativo, les recordaré que yo confié en Miguel Gila para vender las hojas de afeitar Filomatic, en Sofía Loren para vender pastas Gallo, en Romina Power para vender suavizante Lanofil, en Isabel Tenaille para vender conservas Isabel, en Claudia Cardinale para vender vermut Cinzano y en Johan Cruyff para una campaña antitabaco.

Considero que me he servido de este camino en más ocasiones que el promedio de los publicitarios, y a pesar de ello soy muy crítico con el uso que a veces se hace de los famosos.

Mi experiencia al lado de Miguel Gila, con cuarenta y cinco *spots* diferentes para Filomatic, es irrepetible. Apostamos por la figura de un humorista querido y famoso para que fuera anunciando durante años cada nueva promoción, y cada nuevo producto Filomatic.

Intentamos asimilar su popular imagen a la del producto, y sin duda lo conseguimos. Un día llegó Gila a casa con cara de divertido enfado. «No hay derecho lo que me ha ocurrido en el *parking*. Después de haber hecho miles de actuaciones en todos los teatros de España, miles de horas en programas de radio, cientos de chistes en *La Codorniz*, he tenido que oír cómo susurraban: "*Mira, mira, el de la Filomatic y el gustirrinín*!!"»

Venía a decir que la identificación del testimonial famoso con la marca anunciada había sido extraordinaria. Reconozco que con Miguel Gila se produjo una compenetración en el trabajo tan grande que consiguió los resultados más excelentes que cabe esperar de un testimonial famoso. Nadie dudaba al ver a Gila de que estábamos hablando de Filomatic, y la relevancia de la marca era evidente.

¿Por qué se pensó en Sofía Loren en 1987 para una campaña de prestigio de pastas Gallo?

La situación coyuntural era cambiante. Se esperaba la entrada inminente en el mercado de las pastas italianas, con un valor añadido por la tradición del país de origen. Nuestro objetivo era desarrollar una campaña preventiva de gran impacto, y por ello se decidió buscar un italiano famoso que avalara las pastas Gallo.

No había expertos cocineros italianos conocidos en España, pero se encendió la chispa. Estaba Sofía Loren, que era famosa en España y en todo el mundo, era inequívocamente italiana y había escrito libros de cocina a base de pastas.

Localizamos a Sofía Loren, que entonces estaba en Estados Unidos, pero fue José Espona, propietario de Pastas Gallo, quien personalmente la convenció de que aceptara la propuesta y firmara el contrato. Poco después empezábamos a rodar unos magníficos *spots* remarcando conceptos como «*al dente*», poco extendido todavía en nuestro país, e invitando a «*disfrutar de la pasta con pastas Gallo*».

Imaginemos que Sofía Loren hubiera dicho que no. Sinceramente, les aseguro que hubiésemos renunciado a este camino creativo. Poner un famoso sin más, o sustituir al famoso ideal por otro que no cumple las características, es un grave pecado. Si el famoso ideal no está disponible, es mejor olvidarlo.

El caso de Johan Cruyff es aún más claro. El popular entrenador del Fútbol Club Barcelona acababa de sufrir el gran susto de su vida: un infarto originado por su abuso del tabaco. «*He tenido dos grandes vicios en mi vida: fumar y jugar al fútbol. El fútbol me lo ha dado todo en la vida, fumar casi me la quita.*» Ése era el mensaje y ése era el momento, con la personalidad que tenía en Cataluña el entrenador del Barça y la notoriedad que había tenido su infarto como noticia de todas las portadas.

Los casos de Sofía Loren y de Cruyff son impresionantes porque reúnen dos posibilidades del testimonial en una sola persona: son famosos y actúan como expertos en el tema del que están hablando.

Una gran elección de testimonial es la de conservas Calvo, al confiar en actores populares, y sobre todo calvos, para sus anuncios. La característica relevante de los *spots* era tan claramente el nombre de la marca que nadie podía confundirla con otra. En cambio muchas personas habrán olvidado, quizás, el nombre de alguno de los actores pero recordarán su calva.

Otro posicionamiento admirable a base de testimoniales famosos es el del jabón Lux en su campaña internacional. «*Nueve de cada diez estrellas de cine usan Lux.*» Es un concepto perfecto. Permite ir captando mundialmente las actrices de moda para el *spot*, cosa que les satisface porque supone un reconocimiento más a su fama y su posición en la cresta de la ola. Consigue nuevas actrices cada año siendo el jabón Lux lo inamovible. Y, como propina, impide que cualquier otra marca de jabón use una actriz o modelo famosa para sus campañas porque gran parte de la audiencia podría entender que está anunciando Lux. Una gran campaña, de vida casi eterna, porque esconde una gran idea vendedora que se sirve de los famosos sin dejar que éstos le resten protagonismo a ella.

VIII) Trozos de vida

Los americanos lo llaman *slice of life*, y consiste en desarrollar historias alrededor del producto, que aparenten ser extraídas de la vida cotidiana.

La idea es lograr que el espectador se identifique con la situación mostrada en el anuncio.

El mal uso, y el enorme abuso, que se ha hecho de él lo hace aparecer como odioso para algunos publicitarios, pero sigue siendo muy útil.

Puede pretender generar una actitud de simpatía, emoción o humor hacia el producto, o simplemente describir cómo actúa o soluciona problemas.

Es muy habitual en productos con beneficios difíciles de percibir, por lo cual se busca la identificación, o en aquellos otros que no ofrecen beneficios diferenciales, en cuyo caso lo que se pretende es gratificar al espectador.

Muchas veces, el peligro es rodar escenas tan rígidas que en lugar de aparecer como «trozos de vida» aparezcan como «trozos de publicidad».

Cualquier espectador tendrá en la cabeza decenas de *spots* que siguen este camino. Me gustaría comentar alguno de los realizados en mi carrera.

Una producción modélica, de las más satisfactorias de nuestra agencia, y que tuvo el valor añadido de ser un trabajo conjunto de las oficinas de Barcelona, París y Nueva York, fue el *spot* para Paco Rabanne, que se basaba precisamente en un «trozo de vida».

Conseguimos dar una personalidad extraordinaria al producto con la imagen de un chico que sale de madrugada de una casa que no es la suya, vestido de esmoquin. Su aspecto risueño, y su actitud casi flotante en el aire, daban a entender que había pasado una noche inolvidable.

Se le veía bajar las escaleras, atravesar un puente parisino, bailar con una silla que se encontraba en una terraza, hasta llegar a su casa. «*Paco Rabanne. Hacerlo inolvidable es cosa tuya.*»

También para pastas Gallo desarrollamos una serie de *spots* que no eran más que eso, «trozos de vida», y que escenificaban situaciones cotidianas en las que aparecía «gente de buena pasta».

El caso de un camión de pastas Gallo remolcando un coche averiado era uno de ellos, pero yo recuerdo con especial interés el del taxi.

Era realmente un trozo de vida. Un hombre y una mujer dominados por las prisas urbanas entraban en un taxi parado, uno por cada puerta, porque ninguno de los dos advertía la presencia del otro.

¿Quién lo vio primero? Ésta es la típica discusión en una ciudad cuando no aparece un taxi y más lo necesitas. Pero nuestro *spot* mostraba precisamente a gente de buena pasta. Ninguno de los dos discutía, sino todo lo contrario.

Tras descubrir el malentendido, a los dos les faltaba tiempo para salir del coche disculpándose por la molestia, ante la desesperación del taxista, que con cara de pocos amigos volvía a levantar la bandera en señal de libertad.

En aquel momento los dos desconocidos intuían ya que había una sintonía especial entre ellos, de manera que se esfumaban las prisas y en el último plano del *spot* aparecían juntos, cenando un apetecible plato de pasta. De buena pasta, como ellos.

IX) Trozos de cine

Del mismo modo que los trozos de vida son como partes de la vida misma, los trozos de cine son como partes de una película larga, convertidos en *spot.* Evidentemente, pueden ser de acción, de suspense, de humor, de miedo y de todos aquellos temas que toca habitualmente el cine largo.

La precaución que debe seguirse es que el producto aparezca en ese trozo de cine, de forma natural, y no metido con calzador.

Pienso ahora mismo en la campaña para Vistamil, un fabricante de *jeans* de Valencia que producía y comercializaba la marca Marlboro. Estábamos atascados buscando la manera de posicionar el producto y la marca, con el problema de no poder decir que eran genuinamente americanos para competir con los grandes, como Levi's, que más tarde sería cliente nuestro.

Lo que yo llamo «llevar siempre las antenas desplegadas» funcionó una mañana que leí en *La Vanguardia* el caso de un español que se quedó sin dinero en Moscú y vendió sus tejanos por bastante dinero.

La película mostraba la historia, basada en ese hecho real, de un grupo de jóvenes occidentales que visitaban Moscú, vestidos con sus Marlboro. En el *spot* se veía cómo les ofrecían varias cosas a cambio de sus tejanos, hasta que acaban aceptando el trato y salían de la tienda sin pantalones, pero con abrigos de piel.

Conseguimos dar imagen de calidad a los tejanos Marlboro. Y confieso que, con una música muy adecuada y una diapositiva de la Plaza Roja proyectada como fondo del decorado interior, conseguimos una producción de gran realismo a un precio muy razonable.

El primer *spot* que yo vi dentro de este camino creativo fue el de los cigarrillos Benson & Hedges, rodado por el gran director Bob Brooks, que simulaba una acción de cine de espionaje en una plaza céntrica de Estambul. La contraseña para que los dos espías se identificasen era un clavel rojo en la solapa. El primero de ellos introducía en el paquete de Benson & Hedges el plano de unos misiles secretos, enrollado como si fuera un cigarrillo. La escena de máxima tensión mostraba cómo se lo ofrecía a su supuesto contacto y cómo éste ignoraba el papel secreto y cogía un cigarrillo normal. Ante la cara de sorpresa del espía, que seguía ofreciéndole el paquete, ya con el papelito enrollado claramente visible, el otro tiraba del papel... ¡pero lo utilizaba para encender el cigarrillo! El espía no comprendía nada de lo ocurrido, hasta que unos segundos después aparecía el auténtico colega, también con el clavel rojo en la solapa. Aunque, eso sí, un poco tarde.

Me gustaría remarcar también por su espectacularidad una campaña de promoción de unos fascículos de un clásico de la literatura medieval, las aventuras del caballero Tirant lo Blanc, que regalaba la revista *El Temps*.

Tratándose de una novela clásica, que había que posicionar como un relato épico plagado de acción, aventuras y erotismo, pensamos que la mejor manera de mostrarlo a los potenciales lectores era con todo el realismo del mundo. Esta idea estratégica desembocó en una producción del más alto nivel, rodada con toda la calidad del cine largo y un presupuesto, ¡también de cine! La presencia de Ray Evans, director de fotografía de *Superman* y *Excalibur,* garantizó unos efectos impresionantes. En *spots* de 30 y 60 segundos se mostraba el fragor de las batallas, y los amores y pasiones del caballero, hasta el punto de que parecía el *trailer* de una película de cine de aventuras.

Aquello fue realmente un «trozo de cine».

X) Música

Hace años, David Ogilvy escribió, a propósito de la música en publicidad: «*Cuando no tenga nada que decir, cántelo*». Esta frase se interpretó por algunos como peyorativa hacia los *jingles* y músicas publicitarias. Cuando lo que quiere decir es que si el producto tiene una clara ventaja racional, ésta se explica mejor hablando que cantando.

Estoy de acuerdo, la música está especialmente indicada cuando el producto ofrece principalmente beneficios emocionales.

Pero se ha dicho también: «*No creo que los grandes predicadores permitan que el organista acompañe su sermón con música*». Y aquí, vale la pena preguntarse: ¿cuándo se siente uno más impactado, cuando habla el predicador, o cuando arranca el órgano y las voces del coro empiezan a cantar? ¿Cuándo es más completa la comunicación, cuando sólo se escucha, o cuando es uno mismo el que participa con su voz?

La música es probablemente uno de los caminos publicitarios más completos, participativos y eficaces que existen.

En la actualidad, más del 70% de los *spots* de televisión y de las cuñas de radio que se emiten en España, utilizan música de alguna de estas dos formas:

1. Música original, compuesta especialmente para la campaña.
2. Música preexistente, que por su notoriedad o sus características es escogida y adaptada a la campaña, previa negociación y pago de los derechos correspondientes.

La música sirve para comunciar cosas que no se pueden comunicar mejor de otra manera: una sensación, un estilo, una clase, un estado de ánimo, etc. Por eso, no sirve cualquier música, para cada producto y cada circunstancia. La selección del tipo de música requiere tanto tiempo como la selección del tipo de imagen que queremos para el producto.

A mí me costó tres meses dar con la música del Avecrem. Había probado diferentes caminos creativos. Escribí cientos de ideas que fueron directamente a la papelera. Hasta que un fin de semana, en mi casa, a solas, cogí la guitarra y empecé a cantar «*chup chup, Avecrem, chup chup, Avecrem...*». Salió totalmente de mi inconsciente, y eso no es casualidad cuando llevas tres meses dándole vueltas a una idea.

Todavía hoy se recuerda el «*Chup chup, Avecrem*», ¡y dejó de emitirse en 1980! Claro que el *jingle* repetía nueve veces el *slogan*, chup chup y ocho veces la marca del producto, Avecrem. En sólo 20 segundos.

La música permite la repetición de la marca o del *slogan* muchas más veces de las que podría repetirse de forma hablada sin irritar al espectador.

La música también permite segmentar un público objetivo

determinado, dentro de una gran audiencia, sin necesidad de explicitarlo en las imágenes o en las palabras, de modo que el resto de la audiencia no se sienta automáticamente excluida.

Por otra parte, la música se ha convertido en el idioma internacional de los jóvenes, y quizás sea el mejor camino para captar su atención entre la masa de anuncios parlantes de la radio y la televisión. Las músicas bien empleadas pueden llegar a convertirse para los productos, en verdaderas canciones «Superventas».

La célebre *producer* de televisión americana Tina Raver dijo: «*Una imagen vale más que mil palabras. Añádele música y valdrá más que un millón*.

Hay un documento impresionante que lo demuestra. Se encontró grabado en la caja negra del avión DC10 *Alpha Victor* de la Turkish Airlines, que se estrelló el 3 de marzo de 1974 a las 12h 39'.

El avión estaba al mando de los capitanes Berkoz y Ulusman.

12h 38' 35" Ruido de una violenta descompresión. Ruido de aceleración rápida del sistema de presurización. Dos voces: «*¡Oh, ah, Ah!*».

12h 38' 44" Capitán Berkoz: «*¿Qué ha pasado?*».
Capitán Ulusman: «*La cabina ha explotado*».

12h 38' 46" Berkoz: «*¿Estás seguro?*». Ruido de comunicaciones emitidas por otro avión.

12h 38' 51" Berkoz: «*¡Levántalo. Tírale de la nariz!*».
Ulusman: «*No puedo. No responde*».

Durante los dieciséis segundos siguientes, Berkoz canta el estribillo de una célebre canción publicitaria de la televisión turca, «*Acaba nedir nedir*» (me pregunto qué es, qué es).

12h 39' 07" Una voz: «*No queda nada*».
Otra voz: «*Siete mil pies*».

12h 39' 07" Berkoz: «*Los hidráulicos*».
Una voz: «*Los hemos perdido. ¡Oh, oh!*».

12h 39' 29" Berkoz: «*Parece que nos vamos a estrellar*».

12h 39' 30" Ruido producido al estrellarse el avión.

Unos minutos más tarde las radios de todo el mundo anunciaban una de las mayores catástrofes aéreas de todos los tiempos: 346 muertos.

Esa grabación pone de relieve lo importante que puede llegar a ser el impacto publicitario en la mente de una persona, en este caso una célebre canción publicitaria de la televisión turca. Probablemente, miles de cosas pasaron en tan sólo instantes por la cabeza del capitán Berkoz, y simultáneamente su subconsciente, a modo de válvula de escape, dejó salir aquello que tenía más presente.

Seguro que si se le hubiera podido preguntar habría jurado que no cantó esa canción, ni ninguna otra. Y, desde luego, conscientemente no la cantó.

Es muy posible que un ser humano en una situación de estrés tan grande, reaccione soltando por un momento su subconsciente, dejando salir de ahí cualquier cosa. Pero para que salga algo de nuestro subconsciente, antes tiene que haber entrado... y prendido. No es fácil recordar publicidad, cuando hay tantas otras cosas que recordar, pero sucede, hasta en los últimos segundos de la vida de una persona.

7

EL *SLOGAN*, QUINTAESENCIA DEL ARTE PUBLICITARIO

Del «gustirrinín» al «Som 6 milions» pasando por el «chup chup»

7.1. Un ¡Eureka! imprescindible

Un pesimista dijo que la conclusión es aquello a lo que llegas cuando estás cansado de pensar. Y en algunos casos esto puede ser cierto, de ahí que yo nunca haya considerado el *slogan* como la conclusión del proceso creativo. Es mucho más. No hay que ponerlo porque sí, porque toca, como un elemento añadido a la campaña. Merece un protagonismo que voy a poner de relieve dedicándole este capítulo.

Si la publicidad es el arte de convencer consumidores, el *slogan* es la quintaesencia de este arte.

Requiere horas de trabajo, de investigación, de estudios de posicionamiento, de análisis motivacionales del consumidor. Y requiere inspiración, por encima de todo. Aunque, en la busca del *slogan*, es más necesario que nunca saber que la inspiración debe encontrarnos trabajando.

He creado muchísimos *slogans*. Me permito reconocer que algunos de ellos han dado unos resultados excelentes. Han encajado a la perfección en un puzzle con cientos de piezas, todas ellas imprescindibles, pero la última es, por definición, la más imprescindible de todas.

Un delantero centro puede haber marcado cientos de goles, pero demostrará su brillantez marcando en el último minuto el gol que suponga vencer la gran final. El ciclista se juega cientos de horas de entrenamiento en una etapa de montaña en la que deberá echar el resto, y el boxeador dispone de unos segundos de inspiración para lanzar aquel golpe decisivo para el K.O.

Al creativo publicitario no se le permite el socorrido «no tengo palabras para describir la emoción...». Muy al contrario, su trabajo se decide a veces en esas cuatro palabras capaces de provocarla. Hallarlas es una prueba de fuego que debe superarse permanentemente.

Después de horas de trabajo, de conocer a la perfección las necesidades y objetivos de la campaña, de estrujar el cerebro en busca de esas palabras mágicas, se llega a aquel extremo en que un cosquilleo anuncia que «lo tengo en la punta de la lengua».

Es entonces cuando se ha hecho la mitad del trabajo. El suficiente para acumular una serie de conocimientos y elevar el grado de tensión creativa necesario para el parto de un *slogan*. Ya sólo queda esperar —trabajando, por supuesto— la tempestad, el estallido final, el preciso instante en que dos o tres o cuatro palabras, oportunamente ordenadas, salen de tus labios casi sin querer pronunciarlas.

¡Eureka! Ésta es la expresión griega con que Arquímedes gritó «*¡Lo encontré!*», saliendo de la bañera en un ataque de euforia. Iba a anunciar a su fiel discípulo que acababa de descubrir el principio físico que hoy conocemos con su nombre.

Ni Arquímedes fue un tipo con suerte por descubrir el comportamiento de un cuerpo en el agua mientras tomaba un baño, ni lo fue Newton por intuir la ley de la gravedad tras ser golpeado por una manzana.

A los dos les vino la inspiración de una forma casual, pero también —y sobre todo— causal. Sólo ellos podían reconocer sumergidos en la bañera o debajo del manzano lo que estaban buscando, porque meses de investigación les habían puesto en la pista.

He explicado muchas veces cómo uno de los *slogans* más afortunados de mi carrera, «*Som 6 milions*» (Somos seis millones), nació en un vuelo. El bebé no lo trajo una cigüeña de París, sino un avión de Swissair. Yo estaba buscando la frase para dar unidad a todas las campañas del gobierno catalán. Debía ser una expresión que se pudiera usar en campañas muy distintas, y que identificara a los catalanes en un concepto en común.

La voz de una azafata anunciando que Suiza es un país de 6 millones de habitantes donde se hablan cuatro lenguas me puso en tensión. Cataluña tiene seis millones de habitantes y se hablan dos lenguas. *¡Eureka!* Tenía el *slogan*. Tal vez la voz de la azafata fue mi musa, pero lo fue porque me encontró obsesionado por unas palabras en cuya búsqueda llevaba casi tres meses.

La idea tenía suficiente fuerza como para apoyar sobre ella las campañas de la Generalitat de Catalunya. Montaigne dijo que «la palabra es mitad de quien la pronuncia, mitad de quien la escucha». En este caso, como en la mayoría de *slogans*, las palabras deben ser la razón para convencer o la emoción para atraer.

El valor de un *slogan* es, pues, que la gente lo haga suyo, que lo repita, que se identifique con él. «*Som 6 milions*» lo ha conseguido en Cataluña. Pocas veces un *slogan* cala tan hondo y consigue penetrar en la sociedad con el impacto que ha tenido éste.

En un mercado saturado como el nuestro, es imprescindible que la gente identifique una marca a través de un *slogan*. De ahí que grandes compañías mantengan sus *slogans* durante años como su rostro público más reconocible.

Pensar en *slogans*...¡me da un gustirrinín! Mis siete años de dedicación exclusiva a Filomatic, con la colaboración del insustituible Miguel Gila, están plagados de recuerdos agradables.

La participación del genial humorista en el parto de un *slogan* que ha hecho historia es uno de esos recuerdos. La estrategia que diseñamos para el lanzamiento de la nueva hoja de afeitar de Filomatic iba a poner el acento en la suavidad, en la agradable sensación que suponía afeitarse con ellas.

En aquellos momentos —en 1966— ya no se trataba de vender una mayor calidad de afeitado, sino de resaltar el placer de hacerlo con Filomatic, algo absolutamente testado y cierto.

Había escogido a Gila por intuición. Él debía dar la imagen de personaje sencillo, cercano a las gentes, que se hacía entender gracias a su enorme sentido del humor. Y Gila me permitió alegrarme de haber tenido esa intuición durante los siete años y en cada uno de los cuarenta y cinco *spots* que rodamos juntos.

Lo hizo ya desde el nacimiento del *slogan*. Con Gila nació esa nueva palabra, «gustirrinín», que se haría famosa en los comercios de toda España. Para Miguel no había problemas si no se hallaba una palabra adecuada y con la suficiente fuerza para nuestro concepto: ¡podíamos inventarla!

«Filomatic, es de suave... da un gustirrinín» cosechó enormes éxitos. Al cabo de unos días, y antes de que los consumidores pudieran haber memorizado el nombre de la marca Filomatic, ya estaban pidiendo «las hojas del gustirrinín» en su tienda habitual.

Éste fue un *slogan* ganador sin duda, que además de su oportunismo y originalidad cumplía una de las reglas básicas de la publicidad, poner de relieve la principal ventaja del producto.

Buscar un *slogan* supone poner las ideas a presión y someterlas a ebullición. Algo así como un «chup chup» permanente. Como todo proceso creativo, no está exento de sufrimiento, ni se puede garantizar que siempre sea un parto sin dolor. Pero les garantizo, usando las palabras de Gila para Filomatic, que los resultados acaban dando gustirrinín.

Antes de refrescar mi memoria con otras experiencias personales, me gustaría subrayar algunas ideas generales sobre el *slogan* y sus características.

El *slogan* es a la publicidad como el aria a la ópera:

— Corto y memorable.
— Profundo y brillante.
— Simple y único.
— Impactante.
— Perdurable.
— Creíble y relevante.

Hay una característica básica que distingue a los *slogans*: si llevan o no la marca incorporada. No existe ninguna norma que indique cuándo es más adecuado hacer una cosa u otra, aunque confieso que mis preferidos son los que incorporan el nombre de la marca. Son más difíciles de crear, pero mucho más eficaces si se logra.

Mi consejo personal es poner toda la carne en el asador para conseguirlo, pero saber renunciar a ello si no se da con una solución digna y la marca aparece como algo postizo, que está de más.

7.2. *Slogans* con marca incorporada

No se trata de añadir el nombre de la marca gratuitamente, sino de integrarlo. La marca debe formar parte de la frase, como algo inseparable del resto. En esta categoría, existen diversas variantes:

A) La marca es consecuencia de las palabras anteriores

Hay dos *slogans* muy presentes en la galería de la excelencia de mis recuerdos. Tienen ciertos paralelismos, tanto en su estructura como en sus resultados. Los dos se componen de tres palabras, la última de las cuales es el nombre de la marca. Los dos se basan en onomatopeyas muy vinculadas al producto. Los dos triunfaron y se ganaron el mejor de los premios, el reconocimiento popular.

Son dos ejemplos que hablan por sí solos, y que, a mi entender, dicen más sobre el *slogan* que todas las normas y consejos que puedan buscarse en un manual. Son éstos:

— *Pim, pam, Fogo.*
— *Chup, chup, Avecrem.*

Les pido que piensen en ellos unos segundos y les deseo que sepan intuir a través de los mismos el valor de un buen *slogan*. Espero que su memoria les remita las notas musicales características asociadas al «*Chup, chup*» y les permita valorar el enorme potencial de una música bien aplicada, como ya apunté en los caminos creativos.

B) La marca empieza igual que la palabra anterior

Cuentan que un publicitario quiso cambiar el *slogan* «*Un poco de Magno es mucho*» y que uno de los Osborne le respondió: «No me lo toque que con éste vamos muy bien».

Nosotros aplicamos el buen criterio de «no tocar lo que ya funciona».

Por eso adaptamos el «*Chin, chin, Cinzano*», patrimonio procedente de Italia tras someterlo a un test. Constatamos que los consumidores lo relacionaban directamente con nuestra marca, y que difícilmente alguien podía confundirse y pronunciar un «*Chin, Chin, Martini*». Algo que debíamos evitar a toda costa tratándose de la competencia más directa. Después del festivo «*chin, chin*», sólo podía pronunciarse una marca. Y ésa era la nuestra.

Así que nuestro trabajo se concentró en darle todavía más fuerza al «*Chin, chin, Cinzano*», potenciándolo con un nuevo *jingle* basado en la famosa canción que popularizó, entre otros, Richard Anthony.

A los tres pases, la gente ya identificaba perfectamente el producto. Ésa era mi primera gran campaña desde Bassat y Asociados, en 1975, por la que he brindado más de una vez en recuerdo de los esfuerzos y alegrías de una época en que tomé la gran decisión de crear mi propia empresa publicitaria.

C) La marca rima con la palabra anterior

«Qué bien, qué bien, hoy comemos con Isabel» no es una rima perfecta, sino asonante, en términos poéticos. Pero a veces un *slogan* tiene más de canción que de poema, así que mantuvimos ese *slogan* al que bastaba la ayuda de la música para conseguir reforzar «la alegría de comer con Isabel».

Hay otro *slogan* en catalán, *«Només a TV3»* (Sólo en TV3), del que guardo un sabor agridulce.

Dulce porque me siento orgulloso de él. Tenía una rima fácil en catalán, y se adaptaba totalmente a la necesidad concreta de la televisión autonómica catalana, TV3.

Daba unidad a su publicidad, era un recuerdo permanente, la coletilla para cualquier anuncio de sus programas, y la constatación para el televidente de que era en ésa y en ninguna otra cadena donde podría disfrutar de la película, del documental o del concurso anunciado. *«Només a TV3»* ponía el acento en esta personalidad especial de su programación.

Sin embargo, tuvo una muerte súbita. Desafortunadamente, y en uno de esos comentados ejercicios de «cambiar por cambiar», la cadena dio por acabada la etapa de ese *slogan,* lanzándose a la carrera de buscar uno nuevo sin tomarse la molestia de averiguar si seguía funcionando. Lo hicieron morir joven, cuando en mi opinión era uno de esos grandes *slogans* que, como los buenos vinos, ganan con los años.

D) La marca se utiliza más de una vez

«Sólo Crecs hace crecs» es un ejemplo que no necesita más presentaciones. Ante la oportunidad de usar el mismo nombre

de la marca como significado, de tenerlo como sujeto y como predicado, ¿quién podría renunciar a ella?

Es un *slogan* fantástico. Remite al placer de los sentidos, a paladear el sabor del sonido tan característico de los aperitivos Crecs. Toda una tentación que no necesita palabras.

E) La marca está al final de la frase

Muchas de las dicusiones y batallas dialécticas se originan cuando más de uno quiere tener la última palabra. Será por algo. Por el valor de esta última palabra, la vencedora, la más próxima a la memoria.

De ahí que sea un buen recurso optar por *slogans* en los que la marca sea el punto final.

«En tu interior, Warner's» es un excelente ejemplo.

Es más que la definición evidente del lugar de la ropa interior Warner's. Tiene el valor de la sencillez, pero también el del suspense. Porque después de un inicio de frase como «en tu interior» las expectativas sobre el sujeto son considerables.

También recuerdo otros dos *slogans* importantes en nuestras campañas que seguían estructuras muy similares:

— *«Ser mamá está de moda en Prénatal»* y
— *«Descubra la pasta con Pastas Gallo»*.

7.3. *Slogans* sin marca incorporada

Desde hace unos cuantos años, muchos anuncios, tanto en prensa como en televisión, se acostumbran a «firmar» con la marca del producto, y debajo una frase que pretende ser algo así como el apellido. Algo que aparezca por instinto en nuestra memoria al leer el nombre de la marca en el supermercado.

Cuando se consigue, es maravilloso. El ama de casa a la que al ver el vaso de Nocilla se le dispara en el subconsciente el *«No hay otra igual»* tiene enormes posibilidades de decidirse por esa marca en su compra.

Este tipo de *slogans* sin marca incorporada pueden tener diferentes objetivos.

A) Diferenciar la marca

Conocido el valor de una marca, no está de más dar con un *slogan* que refuerce su carácter distintivo, que sea el nexo para identificar el logotipo con el nombre de la marca. El consumidor recuerda a veces símbolos visuales y en cambio olvida el nombre, porque los resortes para retener imágenes y palabras son muy distintos y responden a estímulos diversos.

De ahí que en el caso de Norit no dudáramos en utilizar el nombre de su mascota, símbolo de un prestigio ganado a pulso en los hogares, como apellido de la marca que reforzara claramente su personalidad. «*El borreguito*» es un *slogan* que sólo Norit puede usar.

Para Adidas realizamos una experiencia similar en su lanzamiento en España, en el momento en que las marcas deportivas se estaban posicionando en el mercado y sus símbolos eran su único rostro visible y la única garantía de calidad. «*La marca de las tres bandas y las tres hojas*» recordaba simplemente a los que querían unas Adidas, la manera de no llevarse a engaño y no dejarse confundir por imitaciones.

He mencionado hace unas líneas el «*No hay otra igual*» de Nocilla. Sencillo y directo, era una apuesta estratégica clarísima frente a la aparición de competidores dispuestos a disputar el mercado de Nocilla, aprovechando la apariencia de un producto similar en su presentación. El *slogan* significaba mucho. Defendía el prestigio de una marca líder subrayando su valor diferencial, su valor añadido, una absoluta garantía.

Siguiendo este mismo concepto, bautizamos al Plátano de Canarias como «*El rey de la fruta*». Era la manera más clara e incontestable de diferenciar esa fruta isleña. Porque las amas de casa podrían polemizar al escoger «la mejor de las frutas», debatiéndose entre la manzana, la naranja o la pera, por poner tres ejemplos de líderes en las cestas de la compra. Pero «el rey», en masculino, no podía ser otro que el sabroso plátano. Lo coronamos para destacar su liderazgo. Las fruterías podrían tener muchas princesas, pero estaba muy claro quién era el único rey.

B) Resumir lo que la marca hace

El *slogan* puede explicar en pocas palabras todo lo que la marca ofrece al consumidor. Cuatro ejemplos bastarán para ilustrarlo.

— PRÉNATAL. *«Desde nueve meses antes hasta ocho años después»*.

Para las premamás y las mamás es una información muy relevante.

El *slogan* consiguió resumirlo de una manera nueva y fácil de recordar.

— SOLAC. *«Lo que hacemos lo hacemos bien»*.

Diré que consistía en plantar cara en el mercado de los electrodomésticos, desde la conciencia de que no se disponía de la gama más extensa. Solac apostó por hacerle un guiño al consumidor y explicarle de la manera más clara y comprensible que *«lo que hacemos lo hacemos bien»*.

Se potenciaban básicamente las planchas, unas piezas en las que se había conseguido un buen posicionamiento gracias a disponer de excelentes modelos. Y se ponía indirectamente en evidencia a aquellos competidores que, en su afán por ampliar su gama hasta el infinito, no podían cuidar del mismo modo cada uno de los productos.

— AEG. «*El milagro alemán*».

Para una marca de electrodomésticos como AEG, creamos este *slogan*, que resumía contundentemente la mejor garantía de sus productos. Recuerdo los recelos iniciales de este fabricante alemán, que se planteaba un posicionamiento «a la española», y cómo dimos la vuelta a ese prejuicio afirmando precisamente sus orígenes. Aprovechamos una frase hecha que incluía palabras claves como «milagro», que apelaba a la emoción, y «alemán» que apelaba a la razón, lo que venía a decir que las lavadoras y secadoras AEG eran máquinas impecables.

— PURINA. «*Amigos de tu mejor amigo*».

Definiendo desde un punto de vista emocional lo más importante que la marca hace, Gallina Blanca Purina resumía así su filosofía.

Aprovechando el impulso de la Fundación Purina, y buscando una asimilación de la marca con una entidad volcada en mimar al mejor amigo del hombre, y no simplemente en vender alimentos a su dueño, Purina cultivaba la amistad, que, dicho sea de paso, es una relación excelente entre empresa y cliente.

C) Destacar la principal ventaja del producto

Cuando Roman Knorr, director comercial de Kas, me acabó de explicar qué esperaba de nuestra campaña, mis neuronas empezaron instintivamente a buscar un *slogan* capaz de seducir a los futuros consumidores de este *bíter*.

En pocas palabras, me hizo entender que habían tocado techo en el mercado de sus consumidores habituales, precisamente por ser líderes, y que no podían plantearse introducir nuevos usos del producto. Debían ir más allá para captar a aquellos que no se habían atrevido a probar esa bebida tan especial o habían desistido al primer sorbo.

Se trataba de vender un sabor amargo, pero que cuando llega verdaderamente al paladar capta la fidelidad para siempre.

Entendí que estábamos hablando de amor, el único estímulo que ayuda a superar malos tragos.

«El sabor que enamora» fue la manera de convertir el principal inconveniente del producto en su principal ventaja. Una flecha que atravesaba un botellín de Kas, reproducido a gran escala en cientos de vallas, anunciaba el enamoramiento.

Entre los muchos *slogans* que hemos creado destacando la principal ventaja del producto, recuerdo especialmente otros dos:

— PETIT SUISSE. *«Proteínas olímpicas»*.

Una propuesta coyuntural, aprovechando el patrocinio olímpico de Danone, para reforzar el posicionamiento del Petit Suisse como un gran alimento, más que como un pequeño capricho.

— LANAS KATIA. *«Suaves caricias hechas a mano»*.

La expresión «suaves caricias» es emocional y «hechas a mano» es una combinación perfecta de razón y emoción. Conjuntamente ponen de relieve la ventaja diferencial de las lanas vendidas en ovillos.

No son como las prendas fabricadas en serie, porque implican un trabajo manual hecho con el sabor y el cariño indispensable. Esto, y la suavidad de las lanas, es precisamente lo que asegura que llevar ese jersey será recibir una caricia permanente.

Buenas ideas como ésta, y la amistad personal que surgió con los dueños de lanas Katia, hicieron que la inevitable decisión de nuestra agencia de renunciar a los clientes más pequeños fuera aún más difícil.

D) El *slogan* como denominador común

Un paraguas puede ser útil incluso cuando no llueve. Yo inventé uno, hablando en sentido figurado, para proteger y abrigar todos los productos de la marca Ford. Trabajar para un cliente mítico en el sector del automóvil impone respeto, pero también pone alas, por su larga experiencia mundial en publicidad.

No me fue fácil *venderles* mi paraguas, pero lo conseguí. Era el *slogan* unitario «*Todo un Ford*», bajo el cual se iban a cobijar todos los modelos de la marca, y muy especialmente los más pequeños.

Convencer a Ford Europa fue un duro pulso, porque la expresión «todo un Ford», como «todo un caballero», no es traducible al inglés. Había ideas aproximadas, pero no podían dar a entender la fuerza de «todo un Ford», que en tres palabras lo decía todo: «usted compre un Fiesta, o un Escort, y prepárese para acceder a la enorme calidad de Ford, que, por supuesto, no necesita más presentación».

Más tarde la idea estratégica se mantendría, pero renovando el *slogan* genérico. «*Todo lo que hacemos nos conduce a ti*» es una curiosa adaptación de un *slogan* basado en una canción inglesa que pretende decir lo mismo, pero utiliza casi la expresión contraria. «Todo lo que hacemos es conducido por ti» sería más literal, pero optamos por modificar la versión buscando una expresión más adecuada al idioma español. También en este caso, como en el de «todo un Ford», queda claro que traducir requiere un esfuerzo diez veces mayor que el de hojear un diccionario.

E) Destacar la mayor ventaja del producto haciendo énfasis en el consumidor

No hay mejores palabras para definir el valor excepcional de Damart y de su termolactyl que un sincero, espontáneo y contundente, «*¿Frío yo? ¡Nunca!*». El consumidor sabe perfectamente de qué se le está hablando al oír esas palabras asociadas a una marca que revive cada invierno el milagro del calor, sean cuales sean las circunstancias.

Otros *slogans* que hablan al consumidor en confianza son:

— GRANDES MAESTROS DEL CRIMEN Y MISTERIO. «*Es un crimen perderse esta colección*».

Una hipérbole, una exageración, buscando el juego de palabras y hablando el mismo lenguaje de las novelas de los Grandes Maestros del Crimen y Misterio, editadas por Orbis.

Una voz autorizada como la de Narciso Ibáñez Menta daba más énfasis a esta advertencia, que tenía el valor añadido de segmentar a la audiencia, puesto que los que mejor entendían y valoraban la frase eran los aficionados a este dignísimo género literario, capaz de poner la piel de gallina o los pelos de punta a más de un lector.

— ROCA. «*Baño nuevo, vida nueva*».

Jugando también con las palabras, he ahí cuatro de ellas con una enorme fuerza. Era nuestro primer *slogan* para Roca y supimos reforzar la idea de novedad del producto y de felicidad en su uso, con la ayuda de un atractivo baño espumoso que completaba lo que la imaginación podía entender tras esas cuatro palabras.

F) Hablar principalmente del consumidor

Cada vez hay más productos parecidos, por lo que hablar más del consumidor que del producto no puede considerarse una moda, sino una necesidad.

En esta línea, debo mencionar especialmente nuestro trabajo para el pacharán Zoco. Pocas veces le hemos dado tantas vueltas a la cabeza hasta encontrar una idea. A pesar de ser líder en el mercado de pacharanes, Zoco se enfrentaba a una problemática difícil: una imagen de producción más industrial y menos artesanal, que en el País Vasco y Navarra decantaba la balanza demasiadas veces a favor de pequeñas producciones caseras valoradas como más auténticas.

Ante la dificultad de encontrar argumentaciones muy contundentes por tratarse de una bebida alcohólica, la investigación de mercado nos puso sobre una buena pista. El pacharán era una bebida para después de comer o cenar, y con una posible ventaja emocional, la de prolongar la sobremesa.

Hice la prueba personalmente. Una sobremesa tomando un Zoco con hielo era más larga e interesante, invitaba a la charla relajada, a compartir un rato más con los amigos.

Una vez hallada la idea, sólo faltaban las palabras. «Sabor» era una de ellas, porque ésa era la característica principal de nuestro producto. La otra palabra, que iba a ser su compañera, tardó algo más en llegar, y además sabíamos que estaba en desuso. Era «tertulia». Me convencí de que reflejaba también un concepto emocional, el de la añoranza hacia unos tiempos mejores, en que la prisa no nos devoraba y disponíamos de unos ratos agradables para compartir alrededor de una mesa con nuestros seres queridos.

Si Zoco era el nombre, «*Tertulias con sabor*» iba a ser el apellido. Y precisamente porque el *slogan* no es un apodo gratuito, desarrollamos nuestra campaña en torno al concepto de tertulia, insistiendo en el posicionamiento de que con Zoco mejora la comunicación. Promoviendo tertulias radiofónicas, asociando el sabor real de Zoco a ese buen sabor que deja en el recuerdo de los hombres y mujeres una sobremesa compartida. E incluso creando el primer diccionario unificado castellano-euskera.

Hay maneras más directas de hablarle al consumidor. De tú a tú, y prometiéndole sin demasiados rodeos el beneficio del producto. Así lo hicimos para Lanofil, creando un *slogan* absolutamente a medida, que quiero remarcar como ejemplo de sencillez bien aplicada. No era un ingenioso juego de palabras ni utilizamos ninguna frase hecha. Simplemente, encajamos todas las piezas de la comunicación dando coherencia al mensaje final.

Romina Power fue la persona escogida. No había otro testimonial más adecuado para mostrar los resultados, porque esta cantante era ya entonces popular por la belleza de su larga melena. «Primero fui famosa por mi padre, Tyrone Power, después por mis canciones, y ahora soy famosa por mi pelo.»

El *slogan* vino solo, como consecuencia lógica de la idea publicitaria: «*Tú también puedes ser famosa por tu pelo*». Eso es lo que una mujer esperaba de un suavizante como Lanofil, la garantía de éxito en el cuidado de su cabello, por largo que fuera y por muchas veces que tuviera que lavárselo. Una melena sedosa como la de Romina no se improvisaba, pero era algo al alcance de quien supiera cuidar su pelo.

Éste es un claro ejemplo de que, cuando hay un argumento convincente, exponerlo de la manera más fácil, más clara y directa puede ser la mejor decisión creativa, y la más eficaz, porque ya he dicho que se trata de encontrar palabras que sean mitad del que las dice y mitad del que las escucha.

Otros *slogans* de esta categoría, y de los que guardo un buen recuerdo, son:

— CAMPER. «*Me gusta caminar*».

Fue un *slogan* de transición para reforzar la personalidad y reposicionar esa marca de calzado hablando directamente del consumidor. Una afirmación ecológica que fue muy bien recibida.

— OLIVETTI. «*Habla con tus manos y quedará escrito*».

La mímica habla sola. Con las manos se pueden comunicar las mejores cosas del mundo. ¿Por qué no usarlas, pues, para dejarlo escrito?

— BANCA CATALANA. «*Una opción inteligente*».

Es un elogio al consumidor. No vamos a cansarle hablándole de nuestras ventajas sobre otros bancos, porque usted es inteligente y sabrá descubrirlas.

— MASIA BACH. «*Una obertura memorable*».

La fuerza de la marca hacía irresistible jugar con la comparación musical. El *spot* de televisión acompañaba con la música del genial compositor la apertura de una botella de Bach. El ruido del corcho en el momento de desprenderse, la ambientación, la idea de escuchar música en el paladar, esa sinfonía para los sentidos... Todo indicaba que iba a ser memorable.

Quiero hacer un pequeño inciso en este apartado para advertir que la gestación de un *slogan* no es un camino de rosas. En algunas ocasiones aparece la espina que nos recuerda que a veces hay que conocer el dolor para acceder a la felicidad.

Me gustaría sacarme una pequeña espina, clavada en mi corazón creativo, compartiendo en estas líneas la experiencia vivida con un cliente.

Un traje de novia es, sin lugar a dudas, la prenda con mayor componente emocional en toda la vida de una mujer. Con esta idea como premisa fundamental, hice el esfuerzo imaginativo de meterme en la piel de la novia, con la ayuda de algunos datos sobre los sentimientos de la mujer el día en que se viste de blanco.

Sólo había una palabra con suficiente fuerza para asociar al vestido Pronovias. Y la palabra era «sí». Este adverbio afirmativo, símbolo de todo un sueño hecho realidad, de la promesa de una vida compartida, se convirtió en nexo de unión de una canción publicitaria que a veces todavía me sorprendo tarareando, y que incluía la propuesta de *slogan*, «*Hoy sí, yo te diré que sí*».

Para esa canción nunca salió el sol. Nos quedamos a unos metros del altar, compuestos y sin novia. El cliente optó por otra estrategia, cuando a mi entender habíamos preparado el mejor ramo con las flores del más bello jardín. La publicidad también es un juego de amores y desamores, en el que no siempre todo tiene por qué acabar bien. Aunque quién sabe si algún día recuperaremos esa novia y seremos más capaces de seducirla...

G) *Slogans* reales como la vida misma

— LINDT. «*Resistirse es inútil*».

Los que adoramos el chocolate no necesitamos muchas más explicaciones. Hablando directamente al consumidor, buscando su complicidad y liberándole de toda culpa, se le mostraba en el *spot* un espectáculo irresistible, una auténtica explosión, de chocolate y licor, capaz de multiplicar el deseo por cien. Si la tentación ya es irresistible, si está cantado que se acabará cediendo, ¿por qué sufrir inútilmente negando unos instantes la evidencia?

— PACO RABANNE. «*Hacerlo inolvidable es cosa tuya*».

Con Jay Jasper, director creativo norteamericano con una sensibilidad extraordinaria, y partiendo de un magnífico *briefing* de Fernando Aleu, preparamos una campaña mundial para esta fragancia, realizada a tres bandas en Estados Unidos, España y Francia. El *slogan* dirigía una idea estratégica que el *spot* supo reflejar de una manera impactante. Paco Rabanne facilitaba las cosas, pero hacer o no inolvidable una noche era cosa de cada uno.

7.4. Un caso aparte: *slogans* que salvan vidas

Algunos *slogans* son más que la quintaesencia del arte publicitario, son la quintaesencia del civismo y del bien común.

Ya cité anteriormente la campaña de la Fundación Purina para sensibilizar sobre la necesidad de corresponder y ser fieles al cariño que nos dispensa el mejor amigo del hombre. «*No lo abandones, él nunca lo haría*» es un *slogan* que no desmerece la categoría de la campaña. La fuerza de este mensaje al lado de los ojos tristes del perro abandonado en la carretera es convincente. Lo mejor de este *slogan* es sin duda su capacidad de penetración en la memoria de las personas. Es uno de esos mensajes que se instalan en el subconsciente, por su alto componente emotivo, y que nunca más se olvidan.

Como suele decirse en los tribunales, ya no hay eximente posible por ignorancia. Asumido el *slogan*, nadie puede alegar que desconociera o infravalorara los efectos de una acción como abandonar a su propio perro.

Para la Generalitat de Catalunya escribimos uno de los *slogans* más crudos pero más eficaces de nuestra historia creativa: «*Mezclar alcohol y gasolina mata*».

Cuando la necesidad apremia, no hay mucho tiempo para andarse con rodeos. Ante ese camino sin retorno que jóvenes y no tan jóvenes emprenden los fines de semana en la carretera, la contundencia en el mensaje podía ser nuestro mejor aliado.

La campaña se sirvió de un símbolo visual también muy simple, como vimos someramente en los caminos creativos: un cóctel explosivo y mortal. Una botella servía el alcohol, y en el mismo vaso un surtidor de gasolina ponía el combustible. Esa combinación lo transformaba en un humilde jarrón donde se colocaban unas tristes flores en el nicho de un cementerio. En el teatro de la vida, ya ven con qué facilidad se puede cambiar de escenario y de papeles. El nicho advertía que allí yacía el cuerpo de un joven víctima de un accidente mortal.

La idea era evidente: un mal combinado, al que en lugar de cola o soda se añadía un líquido tan inflamable y explosivo como la gasolina, sintetizaba brillantemente el argumento.

Seguramente hubiera sido muy difícil encontrar una forma más simple de comunicarlo. El *slogan* se limitaba a ratificar y subrayar el mensaje visual.

«*Mezclar alcohol y gasolina mata*» consiguió concienciar a miles de conductores. Y de eso se trata, cuando la sociedad se enfrenta a una realidad tan escalofriante.

Había tenido una reunión con el entonces secretario general de la Presidencia de la Generalitat, Lluís Prenafeta, tras un fin de semana trágico. En las madrugadas de un viernes a un sábado, y de un sábado a un domingo, y precisamente de 2 a 5, 26 jóvenes de 18 a 25 años habían muerto en accidentes de carretera. La mayoría, por haber bebido más de la cuenta.

No necesitábamos una campaña antialcohólica ni una campaña anticoches, sino un toque de alerta sobre una incompatibilidad que cada fin de semana manchaba de sangre las carreteras.

Pero como todas las ideas fuertes, debía ser testada. Consultamos con grupos de jóvenes. Se les pasó el *spot,* para que valoraran lo que les sugería. «*Ya era hora de que se dijeran las cosas claras, por su nombre, sin tapujos.*» «*Que se les muestre el* spot *a esos locos que parece que se dedican a hacer carreras de fórmula 1 al salir de las discotecas.*» De este nivel fueron las respuestas.

Muchas veces se comete un pecado capital que es no ponerse en la piel del receptor. Sobre todo cuando se segmenta el público objetivo, la propia creatividad del *spot* es un filtro, una selección de tu *target.*

Nunca alguien que no corresponda al público destinatario tendrá la certeza de saber si realmente convence, impresiona, motiva, seduce, emociona a los espectadores que está buscando. Seguramente una persona mayor se escandalizará con según qué imagen, pero esa persona se escandalizaría mucho más de descubrirse a sí misma borracha, o aún peor, borracha y conduciendo a 180 km por hora en una carretera local poco iluminada.

La campaña generó un entusiasmo especial. No sé si debido al *spot* o a la propia noticia del número de muertos, pero lo cierto es que la cifra de fallecidos bajó sensiblemente en las semanas siguientes.

De ahí que quiera remarcar, sin ánimo de caer en ningún tópico, que doy por bien empleados mis 25 años de carrera simplemente por esta campaña, por haber podido contribuir a salvar unas cuantas vidas humanas.

8

PRENSA ESCRITA: LA PUBLICIDAD EN SU TINTA

De la cabeza del titular a los pies de foto

8.1. Un papel en el que caben muchas razones

Tengo un sueño: hacer una campaña para que la gente lea más. He realizado campañas para algunos medios particulares de prensa escrita, pero me gustaría tener la oportunidad de realizar una campaña corporativa, con el objetivo de que todos los españoles leyeran mucho más.

Recuerdo aquella famosa campaña impulsada por un ya intuitivo y futurista Juan Antonio Samaranch, que nos proponía hacer deporte con el contagioso *slogan «Contamos contigo»*. Hoy el deporte se ha normalizado, pero una actividad tan sana como la lectura pierde puntos a marchas forzadas.

La prensa escrita es un gran medio de comunicación. Son años de feliz matrimonio los que llevan la publicidad y este medio. Y afortunadamente la relación se ha consagrado como indisoluble, porque sería difícil discernir quién necesita más a quién, si la publicidad a la prensa o la prensa a la publicidad.

Se necesitan y se entienden: con esto basta.

Contra la acusación de que la publicidad rebaja la cultura, la réplica se impone: lo que hace en realidad la publicidad es apoyar los medios de difusión cultural masiva, como la prensa escrita.

Los *mass media* se financian gracias a la publicidad. Instrumentos modernos de comunicación que contribuyen decisivamente a la educación, integración social y difusión de la cultura sobreviven de forma prioritaria gracias a ella.

Sin publicidad, los periódicos serían económicamente inviables. Los ingresos de los anunciantes permiten poner a la venta revistas y diarios a unos precios asequibles. La publicidad, además, estimula la imaginación, o incluso llega a evolucionar el lenguaje. La palabra inglesa *pint*, usada en frases como *a pint of milk*, tuvo su primera aparición pública en un anuncio, y hoy ya figura en el diccionario Oxford de la lengua. La publicidad se escribe para ser leída, y se lee, si se escribe bien.

Hace 26 años yo trabajaba en la imprenta Cayfosa, como director de ventas. El contacto con la publicidad se fue estrechando porque mi curiosidad y, sobre todo, mi instinto vendedor, me condujeron hacia ella.

Abrí el filón casi sin querer. Todo empezó con unos folletos que teníamos que imprimir, pero no había manera de que llegaran los originales de la agencia Hauptman y Martino y el plazo de entrega se acababa. El responsable de producción gráfica de la agencia me dijo que si sus redactores no tenían los textos para la mañana siguiente, no llegarían a tiempo para una determinada Feria y tendría que anularme el pedido. Entonces me atreví a pedirle que me dejara intentarlo a mí en esa noche.

Me puse manos a la obra y los escribí con la ayuda de la Espasa Calpe, buscando argumentos de venta y de la manera más inteligible para el lector. Salió bien. Tan bien que a partir de entonces, seguí prestando ese servicio a Hauptman y Martino y empecé a ofrecerlo, con éxito, a otras muchas agencias. Pocos meses después, con dos dibujantes y el dueño de la imprenta, empezamos a ofrecer un servicio completo.

Nos asociamos. Se incorporó un gran profesional de las Relaciones Públicas, Augusto Ferrer, y nació Publicontrol, una agencia de servicios generales. Poco más tarde comprobamos que éramos muchos para los ingresos que teníamos y decidimos de común acuerdo que ellos volverían a ocuparse plenamente de sus empresas y yo seguiría solo. Abandoné el nombre Publicontrol y empecé mi auténtica carrera publicitaria bajo el nombre de Publicidad Venditor.

Yo nací, pues, como redactor publicitario por casualidad, pero ya nunca dejaría de serlo. Si en mis años de vendedor había aprendido que planteando los argumentos en positivo y poniéndome en la piel del comprador era capaz de convencer y vender, ahora era cuestión de coger la pluma y perseguir unos resultados similares, sólo que multiplicados por el número de lectores.

David Ogilvy dice que lo mejor que puede hacer un redactor publicitario que empieza, es copiar el estilo del redactor que más le guste y convenza. Que ya tendrá tiempo para crear su propio estilo cuando domine el arte de vender y descubra que debe marcar su personalidad sin salirse del camino de las ventas, porque hay autopistas impresionantes que no venden.

La publicidad le debe mucho a los grandes redactores de su historia, que han subido el nivel y han sido puntas de lanza de la renovación permanente. Pero todavía se lee (o mejor dicho, se pasa de largo, pero se publica) mucha publicidad malísima en prensa escrita.

No pienso discutir ahora si el medio es el mensaje. Pero tampoco he admitido nunca un texto que ignore las reglas del medio al que va destinado. El medio es el medio, y el mensaje debe respetar las reglas del juego.

8.2. Primera aproximación al medio: «hay que argumentar»

La televisión manda, el periódico y la revista obedecen. Yo puedo hacer *zapping*, pero el programa continúa sin mí. El artículo de opinión que dejo para más tarde, el crucigrama o la página de información electoral esperarán hasta que mi vista regrese a ellas.

El papel del lector es mucho más activo. Se nota en la manera particular que tiene cada persona de empezar la lectura del periódico o revista. Algunos empiezan siempre mirando la página de la Bolsa, prosiguen con un repaso a los titulares de la sección de economía, regresan a la portada para echar un vistazo al contenido general del periódico, y por último van pasando las páginas una a una.

Pero otras personas empiezan el día haciendo el crucigrama, después leen el artículo de su columnista preferido, y luego repasan la programación televisiva, la cartelera, y acaban en el chiste.

Cada loco con su tema, y cada lector siente y entiende que él domina el medio a su antojo. A la velocidad que quiere y en el orden que más le gusta.

Los pesimistas temen que la televisión se coma a la prensa escrita. Yo no sufro tanto. Porque la prensa ha demostrado una gran capacidad de adaptación, y ha aplicado un brillante: «Si no puedes vencer al enemigo, únete a él».

Los periódicos y revistas han ido amoldándose a una nueva realidad en que todo el mundo está más o menos informado de todo lo que pasa, gracias a los *flashes* informativos permanentes de la caja sabia.

Hoy en día, la prensa escrita complementa a la televisión. Impone la reflexión ante la velocidad. Letra frente a imágenes. Argumentos frente a hechos. Valor perpetuo de lo impreso ante la caducidad de lo que se lleva el viento.

Todo en un orden, pero moldeable al gusto del consumidor. Hay un dato muy relevante. Uno de los factores que hace vender muchos periódicos y, sobre todo, cientos de revistas especializadas en todo el mundo, es que dan la programación de televisión.

Paradojas de la vida, una de sus principales funciones en este momento, y lo demuestran los *rankings* de ventas, es avanzar y detallar la programación televisiva.

En la mayoría de países desarrollados —y España entre

ellos—, tres o cuatro de las diez revistas más vendidas se dedican exclusivamente a informar sobre la pequeña pantalla.

Y esto no deja de ser una prueba de que, incluso para ver la televisión, es necesario contar con un papel manejable a nuestro antojo que nos ayude a seleccionar lo que veremos. Antes había quien decía que el periódico era muy útil para envolver el bocadillo, ahora me atrevería a decir que la prensa envuelve la televisión. La abriga y complementa, la hace más lista, manejable y completa.

La prensa puede mejorar todavía más su papel, y hablo en sentido figurado, en términos de rol social y comunicativo, aunque algunos periódicos todavía deben afrontar la reconversión técnica que mejore también el soporte físico —el papel propiamente dicho— y la calidad de impresión.

Mi opinión es que, como en todo, renovarse o morir suele ser inevitable, y la prensa está siendo capaz de hacer la transición a la velocidad adecuada. Si mantiene esta voluntad complementaria y acepta y entiende una realidad en la que manda lo audiovisual, tendrá papel para rato.

Este preámbulo aproximativo pretende incidir en la idea de que hay que tratar a cada medio por separado y como se merece. Y conocerlos a fondo.

Ya nadie se plantea llenar la pantalla con un *spot* cargado de letra, porque es más que evidente que en televisión una imagen vale más que mil palabras. Pero todavía se ven páginas de periódico imitando un *spot* de televisión y desaprovechando las oportunidades del papel impreso.

El País no puede competir contra las imágenes escalofriantes del conflicto de los Balcanes, pero la televisión no puede llegar a la altura de los artículos de reflexión de *El País* sobre las causas y soluciones al terrible enfrentamiento étnico.

Una entrevista en televisión nos permite hacernos una idea más viva de cómo es un personaje, pero leerla en *ABC* nos permitirá dos cosas también muy importantes: conocer más a fondo sus reflexiones y guardar, consultar o releer lo que ha dicho.

En televisión vemos niños moribundos en Etiopía o Somalia y se nos hiela la piel porque palpamos la muerte y la desigualdad en el mundo. Al día siguiente *La Vanguardia* nos indica dónde están esas regiones tan castigadas, las claves de su pobreza, el porqué del hambre, cuándo llegará la ayuda, cómo podría haberse evitado.

Si esto es así informativamente, ¿por qué no ha de serlo en términos de publicidad?

8.3. Palpable, flexible, controlable y prestigioso, ¿quién da más?

La prensa es un medio que permite argumentar y reflexionar. Y esto es mucho más que un gran valor, es el rasgo que le da la personalidad y que no debemos olvidar jamás mientras trabajemos con él.

Pero hay muchas otras ventajas que enumeraré y comentaré, para que nos ayuden a valorar cuándo es más interesante anunciarse en prensa escrita.

A) Puede retenerse y guardarse

El anuncio de prensa puede recortarse, guardarse, releerse, o incluso llevarse a la tienda para asegurarse de que aquél es exactamente el modelo que hay en el anuncio.

Frente a la radio, la televisión, e incluso frente a la publicidad exterior, compite en capacidad de acceso a la información más elemental: nombre del modelo anunciado, dirección y teléfono del establecimiento, precio, etc.

Sabido es que no siempre se tiene el bolígrafo y el bloc a mano cuando sale el anuncio, o cuando se pasa cerca de una valla con el coche. Ahí, pues, la prensa escrita no tiene rival. Es la más palpable.

B) Tiene una producción rápida

Permite que un mensaje llegue de forma rápida a los potenciales consumidores. Tal vez sólo la radio es capaz de ser más rápida, porque en realidad preparar la creatividad de un anuncio de prensa, hacer su producción y difundirlo cuesta menos tiempo que rodar un *spot* de televisión, por sencillo que éste sea, y mucho menos que preparar un cartel para una valla, hacer fotolitos, imprimir el papel y pegarlo.

Además de la radio, tan sólo las novísimas fórmulas de «anuncios en directo» de televisión pueden hacer sombra a la tradicional agilidad y capacidad de reacción del medio prensa escrita.

Incluso una táctica muy usada por patrocinadores, como felicitar a su deportista el día que gana una final (para asociar más su nombre al de la marca) permite prever más de una opción (la de si gana y la de si queda segundo, por ejemplo) a un bajo coste. Por supuesto que también podrían grabarse dos *spots* distintos para escoger a última hora, pero sería mucho más caro.

C) Ofrece posibilidades fiables de control

Sobre la prensa existen datos más fiables, porque siempre serán más controlables las tiradas de un medio escrito que las audiencias, sólo extrapolables a través de encuestas.

El control de difusión de la Oficina de Justificación de la Difusión (OJD), y el Estudio General de Medios (EGM), que calcula el número de lectores reales, son dos instrumentos siempre mejorables, pero que permiten jugar sobre seguro y calcular el coste por impacto.

La asignatura pendiente ha sido, y es todavía en muchos casos, el control de calidad de los lectores, más que el control numérico. Últimamente, la dura competencia y la reducción del pastel publicitario dedicado a estos medios han derivado en estudios de calidad sobre los perfiles de lectores de cada revista o periódico, de manera que los planificadores de medios pueden calcular y apuntar mejor antes de disparar.

Esto es muy útil y totalmente imprescindible en productos que buscan públicos muy específicos, y se traduce en fenómenos curiosos, como las revistas especializadas, que nacen al amparo de unas importantes partidas de publicidad. Lo cual ha enriquecido el panorama tanto en los quioscos como en la distribución por suscripción, de manera que encontrar unas revistas especializadas en perros o gatos, otras en juegos de ordenador, algunas consagradas exclusivamente a los cuidados del embarazo y otras a viajar o aprender inglés, es algo habitual.

Una revista que sólo leen 10.000 personas, pero cuyas 10.000 lectoras son mujeres jóvenes y embarazadas, puede ser muy interesante para Prénatal, y garantiza una direccionalidad que una gran difusión no permite.

Abren de par en par la posibilidad de ir al grano y ampliar mejor el mensaje, porque el interés por el producto del lector ya se presupone por el simple hecho de adquirir una revista tan especializada.

D) Es flexible

Si se cuelga en la pared un mapa de las provincias españolas, es fácil completarlo pinchando en cada capital entre dos y cinco agujas con los nombres de las principales cabeceras de prensa diarias. Sigan ustedes pinchando por comarcas, por pequeñas ciudades, y podrán ir afinando su puntería casi hasta la mínima expresión.

En realidad, la prensa escrita ofrece unas posibilidades de modulación increíbles. Anunciarse por zonas, y por tanto segmentar geográficamente a los lectores y el mensaje que recibirán, es posible. Si en Galicia el producto debe ganar la batalla de penetrar en la *short list,* mientras que en Andalucía el problema es de competencia de precios, se puede argumentar de distinto modo en cada anuncio, porque nada obliga a insertar el mismo original publicitario en *El Faro de Vigo* que en *El Correo del Sur*.

Y no hablemos ya de si no se distribuye en una ciudad o comunidad autónoma. Aunque las televisiones autonómicas han favorecido también la segmentación en el medio audiovisual, la oferta es muy superior en la prensa escrita diaria de nuestro país.

Esta flexibilidad favorece asimismo la venta directa o publicidad de venta a través de cupones. En este caso, segmentar por tipos de lectores (médicos, embarazadas, «locos» de la informática) o por zonas geográficas es muy útil, tanto por la propia estrategia vendedora como para hacer los tests necesarios antes de lanzar la gran campaña definitiva.

E) Cada día es más moldeable

Los tiempos cambian. Hace poco saludábamos la llegada del color a la prensa diaria y la mejora de calidad de las revistas, pero esta carrera no ha hecho más que empezar. Los dominicales y las revistas de calidad como las de viajes o moda, permiten una reproducción que ha mejorado infinitamente la creatividad.

Las fotografías pueden conseguir añadir la emoción (más reservada a los medios audiovisuales), y los largos pies de foto o recuadros ponen la compensación argumental.

Y esto no es todo. Porque la competencia ha conseguido que revistas y dominicales hayan agudizado su imaginación y se muestren más flexibles en sus ofertas de espacios.

Ha hecho falta que las revistas llegaran a palpar la crisis de cerca, con la llegada de competencia de multinacionales de la información desembarcadas en España, para que comprendieran que deben ser aliadas de la publicidad.

Así han ido naciendo espacios nuevos destinados a captar la atención del lector. Medias páginas horizontales de publicidad arriba, con la información abajo; pequeños recuadros o islas publicitarias en el centro de la página, rodeados de texto informativo; portadas desplegables que se abren cuando pasas página, o incluso portadas que se abren por la mitad y esconden debajo un anuncio.

Los encartes de suplementos especiales, y en particular el obsequio de muestras gratuitas pegadas a las páginas del anuncio, permiten a las empresas de perfumería y cosmética sacar mucho más partido de sus inserciones publicitarias, porque además de dar argumentos y de seducir, están dando a probar ese aroma o ese color de labios anunciado.

F) Tiene un prestigio ganado a pulso

A nadie le amarga un dulce. Y a la publicidad no le hace ningún daño la credibilidad que dan muchas cabeceras de prensa diaria.

Por antigüedad, por tradición, por esa magia que tienen las palabras estampadas en un papel en letras de molde, y sobre todo por esa característica reflexiva del medio, la prensa escrita tiene prestigio.

Tiene algo de selectivo, ya sea porque atrae a gente más interesada en la información, de profesiones más liberales y con mayor nivel cultural, o por la propia dificultad en una sociedad tan ajetreada y veloz de pararse a leer un artículo.

Y, sobre todo, tiene un ritmo muy especial de lectura. Puede atraer al lector en un momento en que no hay tanta prisa, y permite que éste fije la atención durante un buen rato si lo que le ofrecemos se aproxima a sus necesidades.

8.4. Del cebo del titular a la pesca de la información

A) El titular, sin demasiados secretos

El periodista es esclavo del titular. Buenos reportajes o buenas informaciones no ven la luz pública porque no tienen un buen titular. El jefe de redacción no se la juega con algo que no pueda resumirse en una frase atractiva.

El redactor publicitario para prensa escrita tiene mucho que ver con el periodista. Porque debe informar, y porque es igualmente esclavo del titular.

Lo normal es que el lector de prensa convencional dedique unos segundos a nuestro titular, mientras su dedo empieza ya a pasar página. Nuestro título tendrá décimas de segundo para conseguir que ese dedo se pare y el lector acerque un poco más la vista hacia el anuncio.

Un 75% de lectores prestarán su atención a la página, pero es posible que no más de un 20% la acabe leyendo. Y de eso tiene la culpa la prisa... y nuestra capacidad para actuar como cebo.

Si tiene noticia, mejor. Estamos ante un lector, es decir, un animal racional y omnívoro, que se alimenta a base de información y comparte el café con leche y el cruasán con las noticias del día.

Conviene tenerlo en cuenta, porque una noticia en nuestro anuncio tiene garantías de éxito. No nos olvidemos de darla si la tenemos: un nuevo producto, o un nuevo uso para el producto, o un nuevo envase más manejable.

Es mejor que el nombre de la marca esté en el titular. Es la manera de asegurar que será más leído, y la manera de entrar directamente en el tema. El protagonista de una noticia siempre aparece en el titular.

Aparte de estas advertencias para que no nos abandone el sentido común, no quisiera entrar en detalles sobre la extensión adecuada del titular, porque afortunadamente no hay reglas fijas y el mejor creativo es el que encuentra el titular adecuado para el producto y consigue clavar en él el mayor número de miradas. Y esto se ha conseguido con frases de tres palabras y con otras de dieciocho.

Sobre el contenido, mi mejor consejo es dar siempre prioridad a las necesidades comunicativas, aunque a veces haya que sacrificar la originalidad. Nadie que deba contar algo de interés lo haría en un telegrama con una frase rebuscada o un juego de palabras difícil de descifrar. Reconozco que los lectores que descifraran el acertijo lo pasarían en grande, pero la publicidad en prensa persigue audiencias algo más masivas.

B) La ilustración, impacto y seducción

Si no hay mucho que contar, la ilustración verá caer sobre sus espaldas la responsabilidad del anuncio. Y, aunque haya mucho que decir, no olvidemos que una buena fotografía puede atraer miradas hacia el titular, el texto y el nombre de la marca.

En definitiva consiste en reducir a una buena expresión gráfica el camino creativo escogido.

Una foto impactante puede ser ideal. Una imagen con capacidad de seducir, sugerir o intrigar. Una imagen memorable, vendedora y a ser posible sencilla y única. Una imagen que destaque de la competencia y, sobre todo, una imagen que sea relevante para los consumidores que buscamos.

C) El texto, sabroso y digerible

La cosa no ha terminado cuando el titular, la ilustración, y seguramente el pie de foto, han llevado los ojos del lector hasta esa masa uniforme de texto.

Para vender el producto, también hay que contar con esas palabras. Decir las necesarias, y en un orden lógico, muy parecido al de las noticias, que consiga ir ganando gradualmente la atención del lector y arrastrarlo hacia el final de la página.

Sin embargo, tampoco hay que olvidar que esa libertad del lector antes aludida hace que sea absolutamente imposible garantizar que nos lea en orden. Tal vez leerá entre líneas, se saltará un párrafo, buscará las negritas o intentará detectar las frases que contienen la oferta concreta.

Hablando de textos, hay que tener las cosas claras:

— No temer los textos muy largos, si lo que se dice es interesante para el consumidor.
— Recordar que hay que dar argumentos de venta, ponerse en la piel del consumidor, y no en la del fabricante.
— Hacer del texto una venta de pies a cabeza. Un solo anuncio puede cerrar el trato, dando la información más útil y dirigiendo al comprador hacia donde puede comprar el producto. No hay tiempo que perder.
— Exponer todas las ventajas relevantes. El lector agradece saber cuánto va a ahorrar y comprender por qué se le ofrece esta oportunidad, qué argumento da credibilidad a la oferta en concreto.
— Respetar los niveles culturales. No hay que creer que escribir «variedad cromática» es más interesante. «Variedad de colores» lo entiende todo el mundo, y tanto el anunciante como el lector salen ganando.

D) El pie de foto, un segundo titular

A veces se olvida. Otras, se escribe a toda prisa, como de regalo, y se malgasta con una perogrullada sin sentido o repitiendo el mismo titular.

Sólo hay una explicación. El redactor que ignora el valor del pie de foto es que escribe, pero no lee. Es que no se ha tomado jamás la molestia de fijarse, o de preguntar a sus amigos qué es lo que leen. Incluso en los periódicos de mayor peso y contenido, de grandes artículos, nadie ignora que la mayoría de lectores se quedará con la idea expresada entre el titular, el antetitular, el subtitular, el pie de foto, la entradilla o líneas que preceden al cuerpo de texto y el destacado, que pueden ser unas frases en negrita o letra distinta de la del anuncio, o bien un texto recuadrado gráficamente.

Esto es así y de ninguna otra manera, y saberlo ofrece la

oportunidad de concentrar las claves del texto en estos espacios cortos que configuran el primer recorrido de la vista humana ante nuestra página.

El pie de foto puede y debe ser un segundo titular. Requiere el mismo consumo de horas y materia gris que el titular, y desaprovecharlo es una auténtica pena.

8.5. Cómo escribir: consejos para hacerse leer y entender

Dedicados a todos los que quieran mejorar su capacidad de comunicarse por escrito, y especialmente a los jóvenes redactores publicitarios, que quieran llegar rápidamente a grandes.

A) Antes que nada, y de tú a tú

1. Lee mucho.

Todo lo que puedas, porque después te servirá enormemente. El saber no ocupa lugar, y las estructuras literarias y gramaticales tampoco. Se filtran por pasiva y salen a la luz en forma de inspiración cuando el trabajo las llama.

2. Toma notas.

La memoria no existe sin la compañía del papel y el lápiz.

3. Conoce la gramática a fondo.

Y consúltala en caso de duda. Es deseable que sólo sirva para confirmar que estabas en lo cierto, pero nunca está de más. El problema es que en las agencias hay muchos libros de arte y pocos diccionarios.

4. Conoce las reglas publicitarias.

Aunque después te puedas permitir el lujo de cuestionarlas o incluso saltarte alguna cuando la ocasión lo aconseje.

5. Deja de mirarte al ombligo.

Curiosea por ahí. Descubrirás que en el mundo hay más revistas que las de publicidad, más festivales que los de publicidad y más creatividad que la de los anuncios y agencias competidoras. Escucha en el metro, en el mercado, en el parque, en el ascensor del hospital. Carga las baterías, rellena el bagaje personal y bebe de las fuentes de la vida de cada día. No te alejes de los que leerán tus anuncios o verán tus *spots*.

6. Sé superflexible.

Tendrás que ser versátil y demostrarás tu habilidad en la capacidad de condensar o ampliar sin salirte de la raya.

B) Antes de escribir

1. Pide objetivos claros.

Qué, cómo, cuándo, para qué, para cuándo. Debes saberlo todo antes de escribir la primera línea.

2. Siéntate con el director de arte.

El conflicto es eterno. Tú crees en tus palabras y él en sus trazos. El público creerá en vosotros si sumáis esfuerzos y os entendéis, porque cuanto más os entendáis vosotros, más entenderá el lector el anuncio.

C) Escribiendo

1. Busca la inspiración con los codos.

No siempre es fácil escribir de 9 a 7, pero debes intentarlo. Además lleva siempre papel y lápiz. La inspiración puede surgir en cualquier parte, muchas veces lejos de la mesa. Y no le gusta sentirse despreciada o ignorada.

2. Mide tus palabras.

Ve al grano. Talleyrand se disculpaba ante Napoleón por haber escrito una carta tan larga, alegando que no había tenido tiempo de hacerla más corta.

3. Ojo con los juegos.

De palabras, quiero decir. Los títulos de películas y frases hechas son ideales si encajan a la perfección, no si se han de forzar. Pero recuerda que están tan al alcance tuyo como de cualquier otro redactor y de cualquier otra agencia.

4. Parte de cero.

A veces es mejor reescribir que intentar traducir literalmente o adaptar. Quédate con la idea y exprésala en tu lenguaje desde cero.

5. El truco infalible de trabajar el triple.

Para que un anuncio quede redondo y respire naturalidad requerirá al menos tres redactados. El primero, de un tirón, sin censuras ni cortes. Para desahogarte y no dejar ninguna idea en el tintero. El segundo para decir lo mismo bien dicho. Y el tercero para reducirlo a la mitad de espacio, porque del mismo modo que donde comen tres comen cuatro, lo que has dicho en dieciséis líneas posiblemente se puede expresar en ocho. Por ejemplo, no digas «en el momento presente», sino «ahora».

6. Incluso la corrección tiene un límite.

Si el lenguaje coloquial no evolucionara gracias a su permisibilidad, hoy hablaríamos latín. Da prioridad a la espontaneidad sobre la rigidez a ultranza y lo que escribas no parecerá latín.

D) Después de escribir

1. Déjalo reposar.

Y duerme en paz. Al día siguiente lo leerás con otros ojos y descubrirás si dijiste lo que querías decir.

2. Tacha lo que no proceda.

Sé exigente contigo mismo. No enseñes tu trabajo hasta que no esté redondo. La versión definitiva de este libro la he revisado cinco veces. Y puede ser que aún se me hayan escapado cosas.

3. Consulta a quien convenga.

La opinión de alguien interesado en el tema te aportará luz nueva sobre el texto. He pedido a diez extraordinarios publicitarios y a un gran periodista, que lean este libro antes de entregarlo al editor, y muchos de sus comentarios me han sido tremendamente útiles.

4. Sé flexible hasta el último momento.

Tú aspiras a la perfección, y el camino hacia ella está lleno de rectificaciones. No te importe cambiar. Yo he rectificado materialmente páginas enteras, en las cinco revisiones.

E) Una vez presentado el trabajo

1. Ten paciencia.

Repetir dos y tres veces las cosas después de las críticas forma parte de tu trabajo.

2. Respeta un estilo.

La personalidad la dan el vocabulario y la estructura de las frases. Defiende esa personalidad.

3. Ten cuatro ojos.

Aunque tengas que pedirlos prestados. Repasa diez veces los originales, porque los gazapos acechan en cada esquina y esperan el menor descuido para colarse. Un trabajo tan digno no merece un final triste, por lo que hay que tener la guardia alerta hasta que te arranquen el original de las manos camino de la imprenta.

9

LA RADIO: LOS OJOS DE LA IMAGINACIÓN

Cómo sacar partido de un medio que nadie ve

9.1. Una fruta jugosa y que combina bien

Creo en la radio. Aunque a veces me da la impresión de que la radio no cree en mí. Ni en mí como publicitario, ni en la publicidad en general, a pesar de que es su gran fuente de negocio y de sustento.

La radio es todo un clásico entre los medios, tiene enormes posibilidades de desarrollo y es un excelente soporte para multitud de campañas. Pero a pesar de las décadas que lleva cediendo protagonismo a la televisión, aún no ha dado el gran paso que podría dar para acercarse de forma definitiva a las agencias y a los anunciantes.

Sobre todo, teniendo en cuenta que, en igualdad de condiciones, la televisión tiene un valor añadido a todo color y en movimiento, que acaba declinando la balanza hacia ella.

La radio es el recuerdo más antiguo y lejano que tengo de la publicidad, casi anterior a que me llevaran al cine a ver las películas infantiles de Walt Disney. «*Yo soy aquel negrito del África tropical*» era la música de Cola-Cao que me acompañó en aquellos primeros años en que el reto era, todavía, aprender a descifrar en los cuentos esos extraños garabatos que hay al lado de los dibujos, en definitiva, aprender a leer.

Me sabía la letra entera, del mismo modo que esperaba con

ansia oír la voz de Isidro Sola, «Taxi Key», con quien más tarde tendría el privilegio de compartir una gran amistad.

La radio Emerson, de madera, encima de la mesa de planchar, es una imagen viva en mi memoria, un recuerdo latente de que entre la radio y yo ha habido un *love affair*.

En 1966, cuando empecé a hacer publicidad, ya había televisión. Una de mis más satisfactorias y rentables intuiciones profesionales fue apostar por la televisión de entrada, cuando muy poca gente dominaba ese nuevo medio en España. Pero para ello tuve que dejar de lado por un tiempo a la hermana mayor, la veterana, la radio, deslumbrado por la belleza de esa joven promesa, ese diamante en bruto que —todavía en blanco y negro—, ya anunciaba un mundo a todo color.

Me lancé a la piscina profunda de la televisión sin haber pasado por el cursillo acelerado de natación de la radio, y aprendí a nadar directamente gracias a ese empeño de todo ser humano en sobrevivir. Y porque las aguas tampoco estaban tan movidas como ahora, pronto me sentí muy cómodo en este medio. Como pez en el agua.

Pero sigo pensando que la radio es un excelente medio de comunicación, y no tan sólo porque el buen profesional debe ser multimedia por excelencia y saber exprimir todo el jugo de las diversas frutas, sino precisamente porque es una fruta con muchísimo jugo.

9.2. Los poderes de la palabra

A) Inmediatez

Noches tristes y olvidables como la del 23-F sirven para demostrar el enorme poder de la radio. Un gran medio capaz de estar donde hay que estar aunque le amenacen las pistolas. La televisión también estuvo allí, como pudo, pero el triste *tejerazo* muchos lo recordaremos como una noticia que nos llegó por la radio.

Aunque la televisión ha optado por ampliar horarios y abrir nuevos frentes informativos, o incluso crear canales exclusivamente de noticias, la rapidez brutal con que la radio puede emitir desde el lugar indicado, no la supera nadie.

No es casualidad que cuando la televisión lo ha intentado sus programas hayan sido bautizados como radio televisada, por no aportar casi nada de nuevo en el terreno de las imágenes y limitarse a explotar la voz acompañada de alguna foto o imagen estática ante la pantalla.

En horas de madrugada o a primeras horas de la mañana, cuando los periódicos salen a la calle con las noticias de ayer, la radio no tiene rival posible en la cobertura de las noticias de hoy.

Los diarios hablados de la mañana acompañan a medio país mientras nos levantamos y desayunamos, y nos permiten salir a la calle con una idea global de lo que ocurre en nuestro mundo. Y con la posibilidad, además, de escoger entre decenas de propuestas la manera, frecuencia y profundidad con que queremos ser informados, porque tampoco en competencia tiene rival la radio.

Hablando en términos de eficacia y casi de seguridad personal, y en un aspecto en el que considero válida mi opinión tras mi larga experiencia en Filomatic, podríamos decir que la radio es el único medio que te permite afeitarte sin riesgo de cortarte, porque te deja los ojos ante el espejo en lugar de seducirte con colorines en una pantalla. El cuarto de baño es una parcela donde la radio tiene todas las de ganar.

B) Compañía

Acompañar al automovilista es también una profesión de futuro. Por desgracia se demuestra que todas las grandes ciudades han debido asumir como un mal endémico los colapsos de tráfico, de manera que muchos desplazamientos individuales hacia o desde el lugar de trabajo pueden convertirse en trayectos de una hora de duración.

Un medio absolutamente compatible con el volante, y el único capaz de amansar a las fieras con su música, informarlas con sus boletines, o hacer más amenos los minutos con sus entrevistas y concursos, es la radio. No es de extrañar que los taxistas, la profesión del volante por excelencia, se hayan volcado de manera entusiasta a este medio, constituyéndose en su más fiel clientela hasta el punto de merecer programas, campañas y tratos diferenciales en algunas emisoras.

Talleres, bares y empresas sintonizan a grandes maestros como Luis del Olmo, por ejemplo, porque ha sido capaz de desarrollar fórmulas químicamente perfectas de comunicación con la gente, en los ya clásicos *magazines* de las mañanas donde la información y opinión se combinan con entrevistas y secciones especializadas, en lo que puede considerarse como auténticos homenajes diarios al oyente.

C) Personalización

El dial de la radio es ancho y profundo. Un paseo por él nos permite encontrar siempre el programa adecuado, el tono deseado, el tema esperado. Un programa de toros al lado de uno de música clásica, otro de fútbol o un consultorio astrológico. Todo cabe y sólo hay una manera de ganar fidelidades absolutas, con una programación a medida de un público determinado. La especialización nos viene dada. La personalización es posible.

Uno de los mayores logros de la radio, digno de estudios sociológicos del mayor nivel, es haber conseguido ser el único medio de difusión masiva que personaliza el mensaje. Tiene una capacidad para integrarse en el mundo de cada oyente, que consigue un clima de confianza sólo reservado a ella.

La intimidad que se alcanza, especialmente en programas de madrugada, donde la gente confiesa ante miles de oyentes lo que no se atreve a contar a nadie cara a cara, son una prueba más de esa extraña magia que ni los propios locutores se acaban de explicar. De hecho, son frecuentes las relaciones de adoración que se producen del oyente hacia el locutor, impulsadas por el misterio de escuchar esa voz sin rostro.

9.3. Su potencial publicitario

Como dice mi amigo Ricardo Pérez, la radio no la ve nadie. Tiene razón. Absolutamente nadie. Aunque él y yo amemos este medio, lo cierto es que hay que tener argumentos muy incontestables para apostar por ella en una campaña, cuando te juegas tanto.

Pero los tiene. Hay un enorme potencial publicitario a desplegar, que es fruto directo de sacar el máximo rendimiento de sus características.

Recuerdo el lanzamiento del *slogan «Alegría»*, para Soberano. Tanto en televisión como en radio utilizamos una misma fórmula, la esponsorización de los mejores y más divertidos programas, con una música, identificativa de Soberano.

Era una fórmula eficaz, porque permitía asociar el *slogan* de la marca precisamente a esos momentos de alegría que la radio y la televisión proporcionaban. Es un buen ejemplo de adaptación al medio, en este caso doble. Y permite vislumbrar enormes posibilidades de implicar a los oyentes con las marcas sin necesidad de hacerlo por agotamiento.

Mis experiencias me indican que en España los problemas de presupuesto siguen frenando inversiones publicitarias en radio. La radio tiene un coste fijo: la instalación técnica, los profesionales en plantilla, los colaboradores externos y las amortizaciones. A partir de este coste, las emisoras de radio deberían racionalizar sus tarifas buscando la fidelidad y continuidad del anunciante, en lugar de explotar el filón de oro de las grandes audiencias.

Con precios superiores, iguales o levemente inferiores a la televisión, como ocurre ahora muchas veces, es difícil que la radio consiga mantener sus porcentajes de publicidad, sobre todo a medida que la televisión se va haciendo más competitiva.

Sin embargo, la radio es un gran medio publicitario. Estoy totalmente persuadido de que su verdadero *boom* llegará —algunas emisoras están a punto de conseguirlo— el día que se libere del peso de su propia inercia, y sepa pararse unos momentos a reflexionar sobre la manera de ser más rentable para el anunciante.

A) Imaginación sin límites

La imaginación es otro de sus poderes. La potencia al infinito. Ideas todavía irrealizables en el plano de la imagen se pueden llevar a término. La persona ve el espectáculo que se está transmitiendo, como han conseguido los más célebres locutores de fútbol o de toros.

En las campañas electorales del presidente Pujol en Cataluña, la radio tiene un peso muy importante. Él es consciente de que su voz y su manera de hablar son tan personales y características que el público le reconoce de inmediato, y le escucha como si le estuviera oyendo en ese preciso instante.

Sus grandes dotes de comunicador se ven complementadas, en este caso, por una personalidad que es capaz de entrar directamente en los hogares a través de las ondas hertzianas.

La conclusión a la que he llegado en este sentido es que, si un producto es muy conocido y tiene una personalidad propia relevante, puede hablar a su público objetivo a través de la radio con muchas más garantías de éxito.

Por el contrario, si se trata del lanzamiento de un producto nuevo es mucho más aconsejable utilizar los medios que incluyen imagen. Coser mejor lo que ya está hilvanado es una apuesta radiofónica mucho más segura que partir de cero en busca de un posicionamiento.

Hay un muy buen ejemplo de creatividad publicitaria en radio, un clásico norteamericano que demuestra hasta qué punto se puede llegar a utilizar este medio en acciones impactantes. Me refiero a una cuña dirigida a un público infantil, en la que un locutor retransmitía, con los efectos especiales pertinentes para dar un tono de realidad, una historia de ficción. Relataba cómo habían vaciado absolutamente el lago Michigan, y unos aviones bombarderos estaban dejando caer sobre él enormes y monumentales bolas de helado de los más sabrosos sabores. Nata, fresa, vainilla, chocolate... a toneladas, estaban llenando el famoso lago en sustitución del agua habitual.

Bastaron los ruidos de los motores de los aviones, junto al de las bolas de helado cayendo y llenando el lago, para sugerir a la audiencia infantil todo un espectáculo con el que se les hacía la boca agua.

La misma idea en televisión hubiera sido carísima, pues requiriría unos efectos especiales dignos de la mejor superproducción de Spielberg. Pero en la radio, a través de sus códigos convencionales de retransmisión de los acontecimientos más importantes, que en su día ya fueron explotados por el polémico experimento de Orson Welles y su «guerra de los mundos», fue perfectamente factible.

En producción hay que saber valorar los costes. Tener a un personaje hoy en Hong Kong, mañana en Madrid y pasado en Nueva York, es totalmente posible sin necesidad de reservar avión ni hotel, sólo con un buen ambiente musical y un texto adecuado.

Rodar un *spot* para televisión de un refresco puede requerir enviar todo un equipo de producción a las playas más exóticas. En la radio el sonido de las olas es suficiente, si los profesionales que graban las cuñas tienen la capacidad de sugerir ese ambiente paradisíaco.

B) Música, maestro

¿Qué sería de la radio sin la música? ¿Y qué sería de la música sin la radio? Se necesitan y complementan hasta tal punto que, para muchos, son elementos indisociables. Esta capacidad de penetración en la memoria musical de las gentes no debe ser desaprovechada por la publicidad.

Las campañas de televisión en las que la música tiene un fuerte peso específico, en las que el *slogan* y el nombre de la marca se repite sobre una melodía para lograr el recuerdo, tienen en la radio a su mejor aliado.

Con la simple repetición del *jingle* en cuñas breves a lo largo de una programación, se consigue potenciar por vía musical la eficacia del *spot* televisivo.

Los grandes aciertos de música publicitaria se han visto completados con una guinda, una propina nada despreciable, el efecto multiplicador de la propia gente silbando esa melodía en la calle, en la ducha o en el lugar de trabajo.

C) Segmentar con facilidad

Un aspecto práctico es el de la capacidad intrínseca de segmentación que tiene este medio. La prensa también ofrece esta posibilidad, e incluso la de hacer tests experimentales en una sola ciudad o ámbito de distribución, pero a un coste mucho más elevado.

Hay que pagar más fotolitos y gastos para el control de esta distribución. En la radio segmentar es más fácil, aunque tampoco sea cosa de niños, por la multitud de emisoras de ámbito local, comarcal y regional, que por sí solas permiten cubrir una zona muy determinada. La radio nos permite centrarnos en una sola ciudad que nos interese, o testar nuestro mensaje en un área piloto, o hacer campañas distintas en distintas regiones, o por descontado, hacer una sola gran campaña nacional, o complementar campañas de otros medios.

9.4. Cómo usar la radio eficazmente

Más importante todavía es la capacidad de segmentar a públicos por edades, por estilos de vida, por gustos particulares, gracias a esa variedad temática que ofrece la radio.

A) Creando mensajes a medida

El mensaje puede ser creado a medida para esos oyentes específicos. Y no es imposible. Si el plan de medios recomienda utilizar el espacio de José María García, este fenómeno comunicacional que arrastra a una gran masa de aficionados al deporte, es perfectamente posible crear una cuña radiofónica *ad hoc,* es decir, a la medida de su programa.

Y no tan sólo a través de una cuña, sino también de la oferta de patrocinio de la que muchos programas disponen.

Cuanto más acerquemos el mensaje, más efectivo será para esa audiencia absolutamente fiel, que cada día atraviesa la delicada frontera entre la noche y la madrugada —en muchos casos ya desde la cama—, y con la radio pegada a la oreja.

B) Captando públicos jóvenes

Los jóvenes son una audiencia muy importante en la FM. Algunos clásicos como *Los 40 principales* de la Cadena Ser, una fórmula que ha conseguido un tirón de audiencia millonario, mantienen enganchados al transistor, al *walkman,* a la radio del coche o al ambiente musical de algunos bares a cientos de miles de jóvenes, que por nada del mundo se perderían el último éxito que al día siguiente comentarán en el patio del instituto, el bar de la facultad o en el trabajo.

El mérito de estas programaciones juveniles es excepcional. Consiguen reunir a un sector que muchas veces coincide con el *target* de una determinada marca, y que en todo caso siempre es difícil de agrupar por su propia idiosincrasia.

Por supuesto, el mensaje debe ser muy a medida, apropiado a sus gustos y con el sentido del humor o el desenfado habitual en estas programaciones.

A veces no hay otra manera de llegar a esos jóvenes. Los hay que se olvidan del cine, ignoran las vallas, prescinden de la prensa y están tan poco en casa que difícilmente se enganchan al televisor. Pero sus *walkman* son el amigo inseparable que les acompaña por la calle con su sintonía preferida.

C) Aprovechando el alto índice de atención-recordación

Piensen en un coche. Es normal conducir solo. Encerrarse en su interior con la obligación de clavar la vista hacia adelante y conseguir que los kilómetros vayan cayendo en el contador. En ocasiones como ésta el mensaje gana en fuerza y en atención. Muchas veces en casa estamos pendientes de distintas cosas a la vez. En el coche, no.

Y si dudan de que los conductores sean uno de los sectores más fieles a la radio, les bastará una sencilla prueba para comprobarlo. Observen cómo van en aumento los boletines de información sobre tráfico, y comprenderán que no es más que un servicio a los principales clientes y un reclamo para captarlos a todos.

La atención y concentración del conductor radioyente deriva en algo muy trascendente en toda comunicación publicitaria. Se recuerdan mucho mejor los mensajes. Sobre todo los relacionados o vinculados a su propia actividad. Por poner el ejemplo más directo, cualquier anuncio de neumáticos, gasolinas, automóviles o talleres de reparación.

D) Modulando horarios: vale más susurrar que gritar

La dura carrera de la televisión, entre unas y otras cadenas, entre los propios programas, entre anunciantes y patrocinadores, está conduciendo a un aumento de volumen. A veces la simple tensión conduce injustificadamente a gritar más, y en publicidad me da la impresión de que está ocurriendo algo parecido.

Por las posibilidades de producción ya comentadas, es muy importante en la radio tener en cuenta los horarios y programas, e incluso grabar cuñas distintas.

Los programas de madrugada, de audiencia muy relevante, destacan primordialmente por el grado de intimidad y de comunicación que se crea con distintos tipos de noctámbulos. Desde los que trabajan de noche hasta los que padecen insomnio. La complicidad que se crea es tan fuerte y el grado de atención y sensibilidad tan alto, que puede ser un error muy grave romper esta ceremonia con un grito inoportuno. En realidad es totalmente contraproducente para la marca que osa violar esta vigilia radiofónica. Por eso, a veces, es más eficaz susurrar que gritar.

E) Haciéndola protagonista de promociones especiales

La radio tiene una gran agilidad y, por supuesto, se trata de aprovecharla al máximo. Las promociones especiales de supermercados o cadenas de tiendas son ideales para una programación de radio.

Transmiten la credibilidad que busca todo mensaje con fecha límite, que es motivar al consumidor y obligarle a decidir rápido si le interesa la oferta en cuestión. Mientras en televisión sería muy complicado aunque se pretendiese sólo cambiar la voz en *off*, en la radio se puede incluso hacer una cuña distinta para cada día o pasar un texto distinto para que el propio locutor dirija el mensaje dándole la categoría de noticia.

Este mismo oportunismo ha de permitir reaccionar y anunciar paraguas el día que está lloviendo a cántaros.

F) Juzgándola en su verdadero contexto: oyéndola

Un guión de una cuña no es una cuña. Las cosas claras. A ningún oyente le llega el guión por correo certificado, sino a través de su aparato de radio. Si este medio es importante para la campaña, no hay que conformarse con un guión escrito. Para juzgar bien una cuña sólo hay una manera: escucharla con la máxima atención.

Yo procuro hacerlo, siempre, con la misma atención con que escuchaba al negrito del África tropical, que me vendía Cola-Cao cuando era niño.

10

PUBLICIDAD EXTERIOR: EL GRITO EN LA PARED O EL PUÑETAZO EN EL OJO

Impactos de 8 metros de ancho por 3 de alto

10.1. El impacto de la publicidad que nos sale al paso

Siempre he considerado a la publicidad exterior como un medio muy agradecido si se sabe utilizar bien, pero tremendamente vengativo si se utiliza mal. Los que nos esforzamos por conocerlo solemos ver recompensada con creces nuestra inversión en tiempo, medios e imaginación.

Intentaré sintetizar algunos de los secretos de la publicidad exterior que considero de gran utilidad. Sobre todo para evitar errores flagrantes. Porque si la ventaja de una valla exterior, la cara de esta moneda, es su efecto de lupa que amplía a lo largo y a lo ancho nuestras virtudes, debemos temer el reverso, la cruz.

Y ésta no es otra que la vergonzante posibilidad de exponer alegremente en la calle errores de ocho metros de largo por tres de alto.

Pedro Prat Gaballí, padre de la publicidad española, dijo que una valla tiene que ser *«un grito en la pared»*. Yo creo que se puede afirmar que una valla ha de ser «un puñetazo en el ojo» para cada uno de los viandantes.

La publicidad exterior debe ser, sobre todo, impactante. La batalla de la calle se ha de ganar por K.O.

Su fuerza es su impacto. Sus dimensiones hablan por sí solas. Pero hay mucho más.

10.2. Cinco ventajas como cinco soles

1) Su capacidad de impactar

No hay ningún otro medio publicitario que permita dar tantos impactos diarios a un consumidor.

Es muy difícil que alguien vea dos *spots* de un mismo producto en un mismo día, o dos anuncios en un diario. Pero es perfectamente posible encontrarse con cinco, diez o más vallas, o carteles de un mismo producto, tan sólo en el trayecto de ida y vuelta de casa al trabajo.

2) Su capacidad de segmentar

La publicidad exterior puede colocarse donde se estime más conveniente. Permite segmentar geográficamente, y hacer incluso pruebas en pequeñas o grandes ciudades.

Se pueden seleccionar solamente recintos deportivos, o sólo barrios de un determinado nivel social, o sólo estaciones de metro si se trata de un producto apropiado para los que se desplazan en ese medio de transporte.

3) Su flexibilidad

Se pueden realizar pruebas a pequeña escala, incluso pretests, en una o dos ciudades y hacer las mediciones oportunas de impacto antes de lanzar la campaña definitiva a toda la geografía.

Permite también ir lanzando la campaña gradualmente, en función de la distribución del producto. Porque no es aconsejable empezar una campaña general cuando un producto no ha llegado todavía a algunas ciudades.

Otra posibilidad es anunciarse en la costa durante el verano, y en la ciudad a la vuelta de vacaciones, por poner un ejemplo.

4) Su atractivo

Los mensajes pueden ser altamente atractivos. Las dimensiones dan mucho de sí. A veces, basta el propio producto o etiqueta, a un tamaño cien veces mayor, para dejar boquiabiertos a los transeúntes.

5) Su polivalencia

Sirve como apoyo o recordatorio de otras campañas, ya que permite repetir el mensaje muchas veces diarias. Es, pues, un complemento perfecto para las campañas que necesitan una gran argumentación.

Recordar el mensaje pone en marcha en el consumidor los mecanismos de aceptación de lo que se ha visto y oído en televisión o en otros medios.

Resumiendo, diremos que la publicidad exterior puede funcionar perfectamente sola en productos que no necesitan argumentación y como complemento y refuerzo en todos los demás.

10.3. El ABC de la publicidad exterior eficaz

A) Provocar el máximo impacto

La eficacia de la publicidad exterior va ligada muy directamente a su capacidad de impactar. Y más en los productos que por sus escasas dimensiones puedan ser más ampliables. Por ejemplo, un cigarrillo humeante o una zapatilla deportiva. Al ampliarlo a una proporción muy superior a sus dimensiones reales, el impacto es directamente proporcional.

La publicidad exterior debe competir con el paisaje de la ciudad, con todo lo que ocurre en ella, por lo que debe potenciar su capacidad de sorpresa, de impacto, de relevancia, de llamar la atención para no pasar desapercibida.

Que salga el producto es una ventaja suplementaria. La imagen del producto vale más que mil palabras. Además, no caben mil palabras al tamaño que desearíamos.

B) Buscar la concisión y brevedad

Entre tres y treinta segundos es lo que destinan los peatones o conductores a la publicidad exterior. En un semáforo en rojo, en la espera de un autobús, o en el camino hacia la compra en el supermercado de la esquina.

En una ciudad, lo normal es que los peatones anden con prisa, sin tiempo para entretenerse en todas y cada una de las vallas o elementos publicitarios que encuentran a su paso. Con frecuencia el tiempo máximo no excede de esos tres segundos apuntados. Es un mensaje visto y no visto, que se cuela por nuestros ojos casi de manera involuntaria y a veces lo releemos mentalmente o lo recordamos sin tener la absoluta certeza del momento exacto en que lo hemos visto.

Por eso el mensaje debe ser sencillo. Una foto del producto y cinco palabras sería una fórmula ideal. La marca y cuatro palabras de un *slogan* son posibles de leer y retener en esos tres segundos.

Un resumen, una síntesis visual. El mensaje reducido a su mínima expresión en argumentos, y ampliado a su máxima expresión visual y gráfica.

Un truco para los anunciantes que han de seleccionar una campaña de entre dos o más, es comparar solamente las vallas de cada campaña. Eso permite analizar la esencia de cada mensaje, que es lo que, en definitiva, acabará vendiendo el producto.

Lo bueno, si breve, dos veces bueno. Pero si no hay nada espectacular ni relevante en una campaña, es difícil hacer una valla de calidad. Por su valor conceptista y de síntesis, debe tener algo detrás.

El mensaje, pues, debe ir al grano y asegurarse de poder ser comprendido en... ¡tres segundos!

C) Acercarse al punto de venta

La publicidad exterior puede estar muy cerca del momento en que se efectúa la compra. Sólo el *packaging*, que es la publicidad en el propio producto, y la publicidad en el punto de venta, superan en cercanía a la publicidad exterior.

De ahí su enorme influencia en las ventas, porque la memoria tiene entre sus criterios de selección más primarios el del tiempo, y cuando se dispara el dispositivo del recuerdo es fácil que el que llegue el último sea el que acabe llevándose el gato al agua.

En verano, la valla de un refresco muy ampliado y con la gotita de condensación a punto de caer puede producir un efecto fantástico. No crea la sed, que de eso ya se encargan el sol y el agobio propios de la estación, pero la hace más presente que nunca, al mismo tiempo que nos ofrece la solución inmediata al problema.

Es muy difícil ignorar el estímulo visual que nos obliga a renovar la saliva y nos impulsa a entrar en el primer bar que encontremos. Es una oportunidad única para acercarnos al cliente más que nunca.

Estar en el lugar adecuado en el momento adecuado es una de las grandes virtudes de la publicidad. Comprar una maleta es algo que uno siempre desea cuando está en un aeropuerto y descubre que la suya pesa demasiado. De repente, no podemos esperar más a tener otra con ruedas, mucho más práctica y manejable. Una valla en el mismo aeropuerto puede hacer que el trato se cierre mentalmente. Y eso es justo lo que marca la diferencia y distingue la publicidad eficaz.

De ahí que la publicidad en quioscos, por ejemplo, que amplía a gran tamaño las portadas de revistas, sea enormemente eficaz. Sociológicamente, la publicidad exterior está en la calle. No la vemos en la intimidad de nuestra sala de estar, se ve en público, y esto crea una serie de reacciones especiales.

En una campaña para Levi's llegamos a colgar auténticos vaqueros en algunas vallas, que como es lógico tuvieron que ser repuestos rápidamente.

La sorpresa fue que, al filmar y fotografiar los primeros hurtos, pudimos observar que no se trataba solamente de gente joven y de espíritu arriesgado y desenfadado. También personas de una posición social más estable arriesgaban su pellejo para poder llegar a casa con esa pieza única, obtenida de un modo tan particular.

10.4. Diez tipos de publicidad exterior, por lo menos

1) La valla: todo un clásico

La reina es la valla. Es la más antigua y la más famosa, la líder en este sector, aunque la imaginación de los publicitarios para descubrir nuevos espacios le está comportando, con los años, la aparición de duros competidores.

El formato estándar era de 3×4, aunque la valla doble, de 3×8, la ha superado ya.

Hace muchos años que la doble se convirtió, para mí, en la estándar, porque tiene un formato con más posibilidades que la forma casi cuadrada del 3×4, y porque permite ocupar los 8 metros de largo con una imagen espectacular, con la que puedes impactar realmente al receptor.

Se han desarrollado y se siguen desarrollando estudios científicos para valorar si tiene más posibilidades de seducción un mensaje en una valla horizontal o vertical. No hay ninguna duda, es más seductora la valla horizontal, porque nuestro ángulo de visión se parece mucho al formato del Cinemascope. La opción vertical sería más adecuada si tuviéramos un ojo encima del otro. La vida, entonces, sería mucho más estrecha, y las vallas verticales de 6×4 tendrían quizás más posibilidades de cantar victoria.

2) Vallas en carretera: eternas discutidas

David Ogilvy es un feroz enemigo de las vallas en carretera. Ya ven, el padre de la publicidad moderna tirando piedras contra su propio tejado, podría decir algún iluso. Pues no crean, a veces las apariencias engañan, y el buen publicitario no tira jamás piedras contra ningún tejado, propio o ajeno.

Ocurre que David Ogilvy siempre ha sido partidario del autocontrol y del rigor profesional por encima de la rentabilidad a corto plazo. Y, además, ha tenido una sensibilidad exquisita. Él siempre ha creído que todo tiene un límite, empezando por la publicidad. Y que no se pueden inundar los campos con vallas ni destrozar el paisaje natural labrado durante siglos con objetivos perecederos y oxidables.

Al final, y por diversas razones, las leyes de la mayoría de países le han dado la razón, restringiendo la invasión de vallas a pie de carreteras y autopistas. El peligro de distracción del conductor, que con frecuencia viaja solo, ha aconsejado autorizar este tipo de publicidad exclusivamente en las cercanías de las grandes urbes, donde la velocidad ya está limitada por las leyes y, a menudo, por las inevitables aglomeraciones de vehículos.

Por otra parte, debo admitir que me satisfizo enormemente el indulto que los publicitarios españoles obtuvimos para el famosísimo toro de Veterano. Su calidad creativa lo había convertido en historia, y esa clásica silueta negra taurina en multitud de montículos de nuestras carreteras merecía un homenaje.

3) Carteles espontáneos: todo un peligro

Otra molestia, todavía más grave y evidente, la causa la proliferación de pequeños carteles y anuncios pegados con nocturnidad y alevosía en las fachadas de las casas.

Ya ha llegado el momento en que los municipios deberían plantearse el control de estos ataques indiscriminados y la oferta de alternativas reguladas. Evidentemente, el deseo y necesidad de pequeños pintores, cerrajeros o electricistas de encontrar trabajo, o la de particulares y agencias de vender, comprar o alquilar pisos es de lo más natural, pero ello no les autoriza a romper la estética de una ciudad.

Además, las pequeñas y grandes compañías privadas, tanto inmobiliarias como empresas de servicios, han descubierto en la publicidad con falsa imagen y apariencia de particular a particular (fotocopias de carteles escritos a mano y en rotulador) un arma de doble filo. Porque acaba cansando a propios y extraños y puede considerarse como una competencia desleal, tanto para las otras empresas que optan por comprar y pagar espacios regulados, como para los verdaderos particulares.

Siempre he creído, por supuesto, en la libertad de anunciarse, pero por encima de ella está el derecho de tener una fachada limpia. Me entristece el espectáculo de ver a decenas de porteros y vecinos con una hoja de afeitar intentando despegar esas fotocopias burdamente encoladas.

La libertad de expresión no permite poner el dedo en el ojo del vecino. Lo único interesante de este fenómeno es observar precisamente la necesidad de un mercado «de tú a tú», que debería estar regulado.

Algunas panaderías, bares y tiendas se están avanzando con su iniciativa privada a lo que deberían procurar las instituciones: unos espacios delimitados, paredes de corcho o pequeños paneles donde colgar los típicos «se ofrece canguro», «doy clases de inglés», «compraría bicicleta de segunda mano», «busco piso en esta zona» o «se ha perdido mi perro».

En realidad, el auge de revistas que basan su negocio en estos pequeños anuncios indica que también desde las capas más individuales y espontáneas se dinamizan las iniciativas privadas.

Es por ello que propongo a los municipios la creación de algunos espacios públicos para la «Publicidad de Barrio», con lo que conseguiríamos dos cosas: una mejor comunicación entre los ciudadanos y que algunos dejen de ensuciar las fachadas.

4) Los Opis: una gran alternativa

Coincidiendo con la regulación por parte de los ayuntamientos de la publicidad exterior en los centros de las ciudades, se han ido buscando alternativas como los Opis, unos paneles verticales luminosos que se instalan sobre las aceras, más cerca aún del peatón y el conductor.

Los puedes incluso tocar, y recientemente en nuestro país se produjo un fenómeno derivado de esta cercanía: robos de carteles que mostraban el cuerpo casi desnudo de Kim Bassinger anunciando unas medias.

Otro valor añadido y nada despreciable de los Opis es su luz interior, que les da vida y valor incluso a esas horas en que todos los gatos son pardos y las vallas se vuelven invisibles. Los Opis brillan con luz propia en la oscuridad de la noche.

5) Letreros luminosos: han hecho historia

Aunque proliferaron en otros tiempos, hoy las restricciones municipales los han ido arrinconando. Pero todavía quedan zonas como Picadilly Circus en Londres, o como Times Square en Nueva York, que los conservan casi como atracción turística, por el valor simbólico que tienen en la imagen de la ciudad.

En Londres se pagan auténticas fortunas en libras esterlinas por uno de esos pequeños espacios en Picadilly.

En Japón tuve ocasión de descubrir, nada menos que en 1969, cómo los conocimientos tecnológicos del país tampoco se desaprovechaban en publicidad. La experimentación con paneles luminosos que iban cambiando los mensajes e incluso los anunciantes, se convertía en todo un espectáculo añadido para el peatón.

A un alto coste, eso sí, porque se trataba de verdadera tecnología informática, lo cierto es que conseguían captar la atención basándose en un valor infalible. El ojo humano se dirige por instinto hacia aquello que se mueve. Afortunadamente, en muchas ciudades los propios municipios han comprendido las posibilidades informativas de unos espacios tan vivos y dinámicos. A través de paneles luminosos especiales, llegan a variar las reglas de tráfico o el número de carriles para cada dirección, anuncian actos culturales, o facilitan información de interés para el ciudadano, como la hora, la temperatura o los teléfonos de servicios.

Pueden asimismo indicar las plazas de aparcamiento disponibles y más cercanas, los posibles retrasos de los autobuses, las zonas de la ciudad con mayores atascos o la situación de la farmacia de guardia más próxima.

Personalmente, considero que se deberían potenciar estas iniciativas de verdadero interés. Por el contrario, se tendría que aplicar un poco más de mano dura con academias, peluquerías y otras empresas que se atreven a tapar con sus carteles luminosos la arquitectura de las fachadas.

La competencia entre las típicas tiendas de planta baja y los negocios que buscan fortuna en pisos superiores no puede acabar camuflando los balcones y cubriendo de plástico la ciudad.

Ahora que las ciudades se preocupan de limpiar y renovar fachadas, de rehabilitar edificios y recuperar sus formas, la publicidad debería ir de su mano y procurar integrarse en ellas de manera discreta, bella y equilibrada.

6) Banderolas: sólo para usos especiales

Son habituales y quien más quien menos las suele asociar instintivamente a la cercanía de una contienda electoral.

Están destinadas básicamente a fines de interés para el ciudadano, más que a la explotación publicitaria al servicio de las empresas. Ferias, exposiciones, congresos, teatro, actividades culturales o lúdicas en general son los productos que se ven publicitados aprovechando el soporte de las farolas.

Por sus evidentes condiciones de formato limitado, uno de los pecados todavía frecuentes es poner en ellas demasiada información. Hablando claro, podríamos afirmar que una banderola admite una imagen y un par de palabras, para no ocasionar tortícolis a cualquier interesado que intente leer la letra pequeña.

La claridad y simplicidad exigidas siempre a la publicidad exterior se multiplican o incluso se elevan aquí al cubo, precisamente por su pequeño tamaño y por la distancia que separa el mensaje del suelo.

7) Emplazamientos en transportes: ganar tiempo

Los aeropuertos, trenes y metros han ido reservando espacios con una gran capacidad de convocatoria, para ofrecerlos a las agencias y a los anunciantes. Por la cantidad de gente que impactan, merecen ser muy tenidos en cuenta en la programación de la compra de espacios publicitarios.

Las necesidades de una persona que se desplaza mucho en tren, o que hace cada día una ruta determinada, pueden ser bien delimitadas *a priori* y se le pueden incluso preparar campañas absolutamente a medida. Muchas veces no utilizan estos espacios los productos más adecuados, que tendrían todas las de ganar, sino otros que adivinan el valor de esa muestra de público pero para los que ese escenario no supone un valor añadido.

Hace ya muchos años escribí un artículo titulado «En Londres la Publicidad Exterior es interior.», en el que apuntaba nuevas y enormes posibilidades de la publicidad en las estaciones del metro y dentro de los vagones.

Ojear el periódico del vecino, aunque sea algo ciertamente habitual, no deja de ser violento. Apretujados en vagones y con poco espacio libre, condenados a compartir unos centímetros cúbicos de aire, los pasajeros preferimos encontrar un lugar donde clavar la vista y evitar al máximo las incomodidades ante nuestros casuales compañeros de viaje.

Los ingleses han dado perfectamente en el clavo. Han convertido su publicidad en estos espacios en una publicidad como la de la prensa. Han adaptado textos largos a la publicidad exterior, de manera que el pasajero ocasional puede disfrutar de diferentes niveles de lectura.

Si las prisas no dan para más, recibe el impacto de la foto y el titular. Pero si el viaje es largo, puede disfrutar de textos muy creativos, originales y atractivos, que son leídos con tanto tiempo o más que el que se dedica a un anuncio en un periódico. Lo mismo pasa con las vallas en las estaciones de Londres. Son conceptualmente diferentes a las de la ciudad o carretera, porque mientras uno espera el metro tiene tiempo de leer.

8) Estadios deportivos: más que estática

La publicidad estática influye relativamente poco en los espectadores de un partido de fútbol o baloncesto, porque en la visión amplia del campo cada pequeño anuncio es poco relevante. Lo que ocurre es que esos anuncios están pensados y destinados básicamente a las retransmisiones de televisión, tanto en directo como para los resúmenes de los partidos.

Ahí sí, un pequeño anuncio puede ser grande en eficacia, aunque no todas las marcas pueden gozar igualmente de sus ventajas.

Las marcas conocidas y sus logotipos son los clientes esenciales de este tipo de publicidad, que no admite ningún otro mensaje que esa presencia —omnipresencia, en algunos casos—. Es, pues, básicamente para recordar, y no para lanzar un nuevo producto, para lo que vale la pena usar este soporte.

9) Casos especiales: apurando la imaginación

Es bien conocido que el saber no ocupa lugar, ni tampoco la imaginación. Y muchos imaginativos inventores han ido dando vueltas en la búsqueda de nuevos espacios para la publicidad, que sí ocupa lugar.

En este caso incluso la imaginación ha topado además con algunos límites físicos, porque los espacios no son infinitos sino más bien muy definidos.

En una huida hacia adelante que tiene algunos rasgos de carrera suicida, las marcas de refrescos están aumentando el tamaño de sus logotipos en los parasoles y repitiéndolos encima de las mesas, en los respaldos de las sillas e incluso en las patas de las mesas, en terrazas y bares.

Francamente, no veo equiparable el inocente turista de terraza con el campeón de motociclismo que será entrevistado por 27 cadenas de televisión mundiales, por lo que reivindico un poco de espacio libre para que el consumidor de una horchata bajo un parasol no se sienta ahogado por la publicidad.

También se intentaron desarrollar las vallas marinas, a base de plataformas flotantes cerca de la orilla de las playas, pero tuvimos la suerte de que este atentado ecológico no prosperara.

Tampoco han acabado haciendo fortuna otros intentos e inventos playeros, como el vuelo de aviones con una valla extendida al aire desde su cola, o lanzando balones de regalo. Los taxistas han intentado también sacar partido a sus vehículos, pero, exceptuando algunos casos aislados en Londres, no han tenido un éxito significativo.

Hay sectores muy específicos, como estaciones de esquí, que ofrecen espacios publicitarios en los telesillas, que pueden ser utilizados por marcas deportivas, o cremas protectoras, o gafas de sol, con un cierto.éxito.

Las vallas portátiles en coches, más como excepción que como norma, tienen aceptación en Francia —y más tímidamente en nuestro país— para contiendas electorales.

10) En el lugar de venta: el arte de saber estar

Hace muchos años, en mis inicios con Filomatic, tuve ya ocasión de descubrir muy de cerca las enormes posibilidades de la publicidad que está más cerca del punto de venta. Unos carteles con el rostro de Gila nos permitían recordar a quien entraba en la perfumería, droguería o supermercado dos cosas esenciales:

— Acuérdate de comprar hojas de afeitar.
— Que sean de las del *gustirrinín*, de Filomatic.

Engrasar los mecanismos de la memoria en el momento más oportuno es un dulce que no amarga a ningún anunciante. El «beba Coca-Cola» de las puertas de muchos bares ha ayudado a vender millones de botellas de este refresco.

Del mismo modo, siempre me sorprendió y asombró el cuidado y la excelencia del material de punto de venta de los productos de perfumería de Antonio Puig, hasta que tuve ocasión de trabajar para esa compañía y descubrir todo un departamento cuidando a la perfección el diseño de esos materiales para escaparates y vitrinas.

Hay auténticas operaciones de publicidad y promoción en el punto de venta, con costes elevados y una rentabilidad que también puede llegar a serlo.

De la mano de conservas Isabel aprendí lo importante que es realizar en grandes hipermercados las llamadas «cabeceras de góndola», que consistían, en nuestro caso, en adornar con motivos marineros miles de latas que invitaban a ser compradas.

Los costes de instalación de estos escenarios, así como la presencia de azafatas responsables de difundir la promoción, son altos. También los descuentos y acuerdos comerciales con las grandes superficies para firmar estas operaciones son gravosos, y suman bastantes ceros a las cuentas de publicidad y promoción. Tantos, que deben ser recompensados por un aumento muy considerable en los índices de venta para hacer viable la promoción.

Estas operaciones pueden llegar todavía a cotas mucho más altas de especialización. Porque hay batallas comerciales que no se ganan hasta el último segundo. De ahí que todas las superficies comerciales se hayan apuntado a esa guerra y ofrezcan desde *stoppers*, elementos que salen de la estantería y paran al comprador, hasta emplazamientos especiales en escaparates para todo tipo de promociones.

En tiendas especializadas, como farmacias, se descubre el valor de tener un expositor o presentador de producto de manera estratégica, como lo puede ser en la barra de un bar o en la caja de un colmado o tienda de ultramarinos. De ahí que no cesen las inversiones de las marcas regalando estos elementos y mejorando su diseño para hacerlos más prácticos.

Algo muy importante es que la agencia de publicidad no se desvincule de esta labor. El *packaging* y el material de punto de venta son la última y definitiva presentación del producto, y deben estar en línea de imagen y diseño con la publicidad que se ha hecho. Descuidar el paso final o ignorar la importancia que tiene es regalar puntos a la competencia.

Tampoco debemos olvidar la importancia de la relación con nuestra red de distribución. Si estamos hablando de lo que el último comprador se encuentra enfrente en el momento de la verdad, hemos de ser conscientes de que nos jugamos esta presencia en una comunicación anterior con nuestros distribuidores.

Sirva este aviso para romper una lanza en defensa de las convenciones, de las ferias de muestras y de las exposiciones, que son mucho más que un trámite a cumplir.

Ahí debemos hacer el gran esfuerzo, presentando no sólo nuestros productos, sino también su diseño y su publicidad, para implicar y seducir. Para que el comerciante comprenda todo lo que se le está ofreciendo y capte el valor añadido de una buena comunicación sobre el producto.

Entusiasmando a mayoristas y a los propios vendedores se

puede conseguir que la temporada empiece con buen pie. El éxito en la calle empieza en casa. Convenciendo, motivando y haciendo partícipe al propio equipo y a la red de distribución, de la que saldrá el impulso que nos llevará al impacto final en el punto de venta, y que deberá ir muy ligado al resto de la campaña, y, por descontado, a la publicidad exterior.

Ninguna compañía debería descuidar el arte de saber estar en la calle.

11

TELEVISIÓN: LA IDEA EN MOVIMIENTO

El reto diario de destacar y gratificar

11.1. El medio que acapara audiencias y presupuestos

Los tiempos cambian, como cantó Bob Dylan. Y cambiaron hace tiempo, porque la canción tiene sus años.

Hace décadas, mi admirado David Ogilvy reconocía sin reparos que su experiencia en televisión era limitada. Hoy, cualquier publicitario que se precie debe dominar a la perfección el medio televisivo. Porque, para bien o para mal, hablar hoy en día de publicidad es hablar de publicidad en televisión.

La televisión es el único medio, con el cine, que permite mostrar la idea en movimiento, a todo color y con el sonido que más nos convenga. Es el medio por antonomasia.

Por eso, la mayor parte de los presupuestos publicitarios de las compañías van a parar a campañas de televisión y, ciertamente, son muchos miles de millones los que se invierten en ello.

Por si fuera poco, la reciente incorporación de los satélites permite emitir publicidad que puede ser vista en varios países a la vez.

El número de impactos aumenta espectacularmente y el coste de cada uno de ellos se reduce. Conclusión: las grandes multinacionales se lanzan a la publicidad en televisión con audiencias no ya nacionales sino continentales.

Así pues, la televisión es algo de suma importancia en las campañas publicitarias de muchos anunciantes. De ahí la relevancia de contar con buenas piezas en este medio, de realizar *spots* que consigan sus objetivos.

Yo hice mi primer *spot* de televisión en 1965. Fue para la Editorial Mateu, promocionando el lanzamiento de los fascículos *España, qué hermosa eres*, con la presencia de la popular Teresa Gimpera. Al cabo de unos años, ya de la mano de Filomatic y del brazo del humor e ingenio de Gila, me lancé de lleno a la carrera televisiva.

Hay un hecho muy trascendente en la historia de la publicidad española, que considero que ha sido decisivo para que hoy campañas de nuestro país, agencias de nuestro país, productoras de nuestro país, arrasen en los festivales internacionales.

Fue nuestra modestia y nuestras ganas de aprender. Si les dije hace unas líneas que en 1965 hice mi primer *spot* de televisión, parecerá difícil de entender que, diez años después, y siendo ya presidente de mi propia compañía, me fuera a Estados Unidos doce veces, en estancias de un mes y medio cada una, para aprender televisión.

Trabajé como ayudante de producción en el rodaje de muchos *spots*, aprendiendo al lado de la directora creativa de Ogilvy & Mather Nueva York, que era entonces Reva Korda. Reva asumió la dificilísima tarea de sustituir a David Ogilvy en la dirección creativa de la agencia, de modo que le agradezco el doble el tiempo que me dedicó, igual que a Bill Chororus, director de producción de TV de Ogilvy & Mather.

Los franceses, italianos y alemanes consideraron que ya sabían suficiente, mientras que éramos varios los españoles que, en Estados Unidos o en Gran Bretaña, nos lanzamos a aprender como locos los secretos de la publicidad en televisión.

La modestia y la humildad nos fueron muy útiles para recoger más adelante los frutos.

Qué es un *spot*

Un *spot* es un tiempo de televisión durante el cual se emite un mensaje dedicado a comunicar las ventajas o beneficios de un producto o servicio. Es obvio recordar que este mensaje se transmite a través de imágenes y sonidos en combinación.

Pero en España también se llama *spot* a una película publicitaria, y es ésta la acepción más corriente de la palabra. Lo que en inglés se llama *commercial*.

Conectemos el televisor y no tardaremos en contemplar unos cuantos ejemplos de lo que es un *spot*. Muchos de ellos incluyen brillantes técnicas que los medios más sofisticados del cine y la televisión ofrecen actualmente.

David Ogilvy dijo una vez que, a la hora de anunciar, es más importante lo que se dice que la forma en que se dice. La afirmación era entonces absolutamente válida. Sin embargo, hoy, es discutible. No quiero parecer salomónico, pero lo cierto es que uno y otro aspecto —el qué y el cómo, el fondo y la forma— son igualmente importantes.

En cualquier caso, lo que está fuera de toda duda es que, para comunicarnos con el consumidor, necesitamos algo indispensable: tener una idea.

11.2. La idea

El factor más importante para diferenciar un simple *spot* de un gran *spot* es la idea que ambos llevan detrás.

Puede ser desde la más sencilla a la más sofisticada, pero debe caber en la pequeña pantalla.

Pensando en una manera muy televisiva de demostrar la capacidad absorbente de Spontex, tuvimos una idea audiovisual, pensada para un *spot*. Consistía simplemente en una vajilla hecha de hielo, que se derretía sobre una bayeta Spontex ante los ojos incrédulos de un esquimal.

Destacaba, era relevante... y era cierta. Spontex tenía capacidad para absorber el agua en que se convertía esa vajilla, que hicimos construir artesanalmente para la ocasión. Se esfumaba, desaparecía por arte y magia de Spontex.

Ésa era la idea, una sencilla demostración que explicaba lo que queríamos y funcionó como esperábamos.

Otro ejemplo mucho más reciente fue la idea que propusimos a Danone para su Petit Suisse, coincidiendo con el patrocinio de los Juegos Olímpicos de Barcelona'92.

«De aquí al 92 muy pocos atletas llegarán tan alto como el que tienes en casa.» Junto a la frase, la imagen ralentizada de una niña que saltaba para tumbarse en la cama, como si estuviera en la final olímpica de salto de altura. Como premio, la veíamos montada en un podio formado por envases gigantes de Petit Suisse.

El tirón de la marca y el impulso olímpico sirvieron para recordar a las madres que los niños en edad de crecimiento, son como los atletas, que necesitan una alimentación sana y suficiente.

Muchas veces la idea consiste en hacer algo inhabitual.

Nosotros, por ejemplo, ganamos un León de Cannes con un *spot* que mostraba una hilera de gatos de todos los tamaños, colores y razas, lamiéndose de gusto con el sabor de Cat Chow. Sólo que el último no era un gato, era el mayor de todos los felinos: un enorme tigre de Bengala al que, naturalmente, una sola ración no le era suficiente.

Otras veces no hay que romper moldes, sino buscar la idea que respete al máximo el posicionamiento que deseamos.

En el caso del pan Silueta de Bimbo, nuestra lucha por aumentar cuotas de mercado nos llevó a intentar desmontar la leyenda negra que situaba ese tipo de productos *light,* propios de una dieta equilibrada, como algo exclusivo de mujeres que viven pendientes de su cuerpo, por una actitud más bien narcisista y superficial.

La idea que tuvimos se basaba en el testimonial de una persona anónima, que sorprendía por su concepto. En pantalla, un hombre apuesto y fuerte, vistiéndose y comiendo pan Silueta. Podría parecer un modelo o un actor. Pero no, se pone un casco en la cabeza, coge unos planos y se dirige hacia la obra que debe visitar. Es un ingeniero, o un arquitecto, una persona socialmente considerada por su capacidad intelectual, que toma una actitud inteligente, la de comer lo más sano.

Con una realización que buscaba crear este contexto y dar credibilidad al personaje, conseguimos un *spot* alejado del clásico gimnasio donde dos mujeres hablan de perder peso para ir a la playa. Silueta conseguía así un nuevo posicionamiento, con un concepto claro.

En la versión femenina de esta campaña se veía una mujer muy guapa, desayunando con Silueta, antes de... meterse en un quirófano para operar a un paciente.

Para acabar este breve recordatorio de ideas, querría hacer mención de una que fue simpática, divertida y eficaz. Y que, a pesar de su sencillez, o precisamente por ello, nos dio nuestro primer León de Oro en Cannes.

El producto era «Triquis» de Crecs, un nuevo aperitivo de forma triangular.

Decidimos que la manera de presentar ese nuevo nombre y hacerlo popular sería la música de Demis Roussos, cantando su famoso «*Driquis, driquis, driquis*».

Pero ¿qué hacíamos con el producto?, ¿cómo convertirlo en protagonista de la película sin aburrir al telespectador? Se nos ocurrió que alguien debía sostener un «triqui» en la frente y hacerlo deslizar hasta que le cayera en la boca.

Se hicieron unos *castings* de habilidad, y tuvimos la suerte de dar con un joven que fue capaz no sólo de sostenerlo y hacerlo bajar de la frente a la boca sin que le cayera, sino que además conseguía retenerlo un instante en uno de sus ojos.

El *spot* mantenía la tensión y la atención, el aperitivo no podía tener mayor protagonismo y la música hacía su trabajo como si nada. Además, años más tarde tendríamos la satisfacción de comprobar cómo aquel hábil joven que nos sirvió de malabarista se convertiría en un mago famoso gracias a sus apariciones televisivas. Era ni más ni menos que el Màgic Andreu.

11.3. El *spot*, paso a paso

Hoy he conseguido encontrar una solución creativa a la campaña de televisión que tengo entre manos.

La solución es buena, cumple lo estipulado en el *briefing*, es adecuada al *target*, dice lo que tiene que decir del producto... y además, me gusta.

¿Qué pasa desde que la escribo por primera vez hasta que, días después, millones de espectadores y yo la vemos plasmada en un magnífico *spot*, sentados en el sofá de nuestras casas?

Antes de entrar en cada una de las etapas del proceso de elaboración del *spot*, he de recalcar la necesidad y conveniencia de seguir paso a paso todas ellas. Por el bien del resultado final.

Ya hemos encontrado una idea que nos gusta. Lo primero que debemos tener presente es el propio aparato de televisión: sus medidas, la hora en la que nuestro público objetivo lo suele conectar..., así como las características del medio: caliente, afectivo, de evasión...

A) El guión

En primer lugar, hay que pasar la idea original a un guión, con especificaciones lo más completas posible de la imagen, los diálogos, la música. Y sobre todo, algo muy importante, que no podemos olvidar, la duración.

Si el *spot* dura 20 segundos, hay que desarrollar un guión para 20 segundos. Ni más ni menos. Uno de los pecados capitales de la publicidad española es querer meter en 20 segundos historias que requerirían 30, 45 o incluso 60 segundos. En cuanto a la narración en sí, conviene recordar que la acción es la esencia del cine, del cual proviene la televisión.

Así pues, acción, que pase algo. Un guión bien escrito, bien desarrollado, es la base de un buen *spot*.

B) El *story-board*

En la mayoría de las ocasiones, el guión suele ser trasladado a un *story-board*, como medio de apoyo para presentar al cliente o bien para orientar al realizador. En ambos casos es importante que el *story-board* recoja la esencia, el alma del guión. No hace falta que sea exhaustivo. Debe contar con las viñetas estrictamente necesarias para la comprensión del *spot*.

Otras veces se recurre a la realización de un *animatic*, o especie de *story-board* filmado.

Requiere un tipo de viñetas diferentes, algunas de ellas «animadas», dado que va a ser visto en movimiento. Por lo tanto hay que afrontarlo con otro criterio: casi con el de una pre-realización: estará sonorizado, durará los segundos exactos, etc... Tiene que avanzar la idea del *spot* definitivo lo máximo posible. Pensemos, por ejemplo, en que ese *animatic* puede ser pre-testado y que de ello va a depender la realización de esa campaña.

Algunos anunciantes solicitan de la agencia la realización de un *shooting-board*. Dibujar cada plano con la duración de lo que luego será el *spot* tiene valor, si está realizado por el propio director del *spot*. El *shooting-board* es un instrumento de trabajo del realizador exclusivamente, y aportará poco al cliente a la hora de aprobar o no un *spot*.

C) La presentación

Una vez tenemos el *story-board* dibujado y montado, llega el momento de presentarlo.

Primero, dentro de la agencia, para que el resto del equipo responsable de la cuenta pueda opinar sobre el *spot*.

Y luego, al cliente. Es esencial. En ese encuentro se juegan las posibilidades de que el proyecto siga, o no, adelante.

Es entonces cuando constataremos el gran servicio que nos presta un buen *story-board* para hacer comprender el *spot*, para «vender» nuestra campaña.

Como ya he dicho, el *story-board* debe contar con las viñetas necesarias. Sola y exclusivamente.

Hay algunos que con apenas dos viñetas han cumplido su labor a la perfección. Otros, en cambio, han necesitado más de veinte para hacerlo.

D) Quién realiza el *spot*

Aquí llega una parte delicada del proceso. Nuestro *story*, nuestro guión, ha sido aprobado y tenemos luz verde para rodarlo. Ante nosotros se abre una variada gama de realizadores y productoras entre los que podemos elegir.

¿Qué criterio seguir?

Generalmente, cada productora se agrupa alrededor de la personalidad de un realizador, así es que la elección, muchas veces, se centra en éste.

Los realizadores de cine publicitario provienen de distintos campos: el cine, la fotografía, la dirección de arte o la creatividad publicitaria.

Hay que ir con cuidado con los pertenecientes al primer grupo, los que vienen del cine. La cruda realidad nos dice que no suelen desenvolverse bien en el terreno de los 20, 30 o 45 segundos. Grandes nombres como Buñuel, Fellini o Polanski, no han conseguido un solo *spot* de éxito.

En cambio, realizadores de publicidad como Ridley Scott, Tony Scott, Adrian Lyne, Alan Parker, Hugh Hudson y el más veterano, Richard Lester, entre otros, sí han conseguido realizar grandes largometrajes.

La experiencia dice que la relación es más fluida y directa con los pertenecientes a los otros grupos: la comunicación es más fácil, entienden mejor nuestros problemas, los del producto.

He aquí un buen factor de selección: la comunicación. Un *spot* saldrá siempre más redondo si el creativo y el realizador se entienden a la perfección.

Pero ¿qué aporta un realizador a nuestro *spot*? Hay de todo: su conocimiento del lenguaje cinematográfico, la luz, la estética, el montaje, incluso nuevas ideas que lo enriquecen... Según Bob Brooks, el realizador aporta estilo, por tanto debemos elegirlo en función de lo que busquemos para nuestro *spot*.

Joe Sedelmaier es un director especializado en humor y personajes atípicos. Sería estúpido encargarle una película seria de gente guapa.

En definitiva, nuestro realizador ideal, supuestos unos valores técnicos y artísticos de reconocido nivel, será aquel que comprenda mejor nuestra idea y que rápidamente conecte con la esencia de lo que se quiere comunicar.

En el fondo se trata de saber qué realizador aportará más energía al proyecto, para conseguir que el *spot* salga mejor, más valiente, más rompedor, más eficaz... más vendedor, en una palabra.

Cuando ya hemos decidido a quién encomendar la película, viene otro apartado de gran interés.

E) La pre-producción

«Ya lo dije...», «Teníamos que haberlo pensado...», «Ahora ya no hay tiempo...»

Frases como éstas y otras similares suelen escucharse durante y después de los rodajes. Las causas que las motivan pueden evitarse en su mayoría. Y digo en su mayoría porque en el cine, y más en el cine publicitario, siempre hay imprevistos con los que contar.

No obstante las pre-producciones son absolutamente necesarias. Y no sólo eso, tienen que estar bien preparadas para que sean operativas.

Los temas a tratar en una reunión de pre-producción, son bastantes y todos ellos importantes.

— El *casting:* Es fundamental. Hay que estar convencido de los modelos que se eligen. Para ello, siempre que sea posible, hay que verlos personalmente, y preparar modelos alternativos. Esa gente es muy profesional, pero llevan una vida imprevisible. Hoy están aquí, mañana en Londres y la semana próxima en Nueva York.

— Los decorados: Importantísimos. Desde las medidas que deben tener para que un gran angular no se salga, hasta los mínimos detalles de estilismo.

— El vestuario: Hay que probarlo, y buscarlo con tiempo. Para evitar las soluciones de recurso que no dejan contento a nadie.

— El *timing:* En el cine publicitario el tiempo suele ser lo más caro. Yo siempre digo que para tener un gran *spot* hay que contar con dinero o con tiempo. Si el presupuesto es corto y hay que terminarlo para la semana que viene, ¡malo!

F) ¡Silencio, se rueda!

Ha llegado el momento. La máquina, no sólo la cámara, se pone en marcha. Muchas personas, no sólo los modelos, entran en acción.

Vale la pena estar presente en el rodaje. Porque se aprende. Se aprende que aquella frase que dice la señora es mejor decirla con otro tono. Que aquel gesto no es el más adecuado...

Se debe intervenir, pero sin que sea molesto para nadie. Estamos en el territorio del realizador y hay que respetarlo al máximo. Él está dando forma a nuestra idea. Por eso los realizadores agradecen la discreción. Debemos tenerlo en cuenta. Todo lo que tengamos que decir, es mejor decírselo a él.

Existe una gran diferencia entre rodar con soporte magnético o celuloide. Todavía el vídeo no ha alcanzado la calidad del cine. Por eso, sigo apuntándome al grupo de los nostálgicos recalcitrantes... hasta que llegue la Alta Definición.

G) La post-producción

Ya está rodado el *spot*. *Alea jacta est*.

A partir de este momento, todo lo que se haga debe tener un único objetivo: mejorar.

Los trucos, las sobreimpresiones, el montaje, hay que cuidarlos con un mimo especial.

Y algo en lo que es necesario hacer hincapié: la banda sonora.

Decía al principio de este capítulo, como algo obvio, que un *spot* es imagen y sonido. Pues bien, hemos llegado al sonido.

Se sabe de anunciantes que consideran un *spot* como una cuña de radio televisada. Hay otros que hacen la prueba de quitarle el sonido para ver «si funciona».

Un *spot* es imagen y sonido. Por eso la banda sonora de cualquier medio audiovisual es tan importante, a pesar de que no todo el mundo le dedica el tiempo suficiente.

Desde elegir las mejores voces, las más adecuadas, ya sea en labiales o en *off*, hasta el más mínimo efecto de sonido, pasando —cómo no— por la música, cada detalle hará subir o bajar enteros a nuestro *spot*.

Si hemos conseguido las mejores imágenes y somos capaces de acompañarlas con el mejor sonido, tendremos un buen *spot*. Si no, no.

H) Qué nos trae la modernidad

La publicidad es una esponja que lo absorbe todo en lo que a movimientos sociales, modas y tendencias se refiere. A su vez, esa esponja también desprende su influjo y marca pautas que luego siguen el cine, la televisión o la literatura.

Recojo aquí un par de formas de expresión que últimamente gozan de gran aceptación, y que la publicidad televisada ha recogido: la animación por computadora y los videoclips.

A pesar de que los dibujos animados estaban considerados como algo destinado casi exclusivamente a productos infantiles, hoy las computadoras permiten realizar anuncios de televisión con un tipo de animación que abre mucho más su campo de posibilidades.

En cuanto al videoclip, podemos definirlo como una cascada de imágenes de todo tipo encaminadas a despertar sensaciones, a pulsar resortes afectivos y liberarlos.

Ofrece un campo muy interesante de tratamiento de imagen del que la publicidad puede extraer provechosas consecuencias. En realidad, el videoclip es el *spot* que anuncia el disco en cuestión.

I) ¿Funcionará el invento?

El *spot* nos ha quedado bien. Nos gusta a todos. Ahora, a televisión. ¿Qué pasará?

Si el *spot* es realmente bueno, cumplirá sus objetivos. La pregunta es: ¿Cómo es posible que otros *spots* que pasan junto al nuestro, y que nos parecen horrorosos, funcionen tan bien o mejor que el nuestro?

Grave cuestión que no carece de ejemplos para ser ilustrada.

Sometamos el *spot* a pre-test y a post-test. Ninguna de estas técnicas nos dirá cómo hacer un buen *spot*, pero nos podrá dar la luz necesaria para convertir un notable en sobresaliente, o un sobresaliente en matrícula de honor.

11.4. El futuro no ha hecho más que empezar

Siempre se aprende del pasado, pero lo importante es anticiparse al futuro. No es nada fácil, pero tenemos la obligación de intentarlo.

El futuro puede tener múltiples formas. Puede parecerse al pasado, aunque con los métodos y la tecnología del presente.

No hablo de teoría, sino de práctica. Y pienso en un caso inédito, que me ha dado mucho que pensar sobre la necesidad de que la publicidad adquiera el ritmo de las nuevas telecomunicaciones.

Ocurrió en Gran Bretaña, en marzo de 1992. Ford y Ogilvy & Mather dieron un paso adelante, aunque también podría hablarse de una mirada atrás.

Desde hacía al menos treinta años, no se emitía un *spot* en directo en Gran Bretaña. Pero las circunstancias, y una capacidad de reacción digna de sacarse el sombrero, aconsejaron que se hiciera.

A las 11 de la mañana el gobierno británico discutía los impuestos, y a las 4 y 22 minutos de la tarde se hacía pública una rebaja en los impuestos sobre automóviles, con la sugerencia a las distintas marcas de aplicarla a los compradores finales.

Siete minutos después, se estaban calculando ya en Ford los descuentos a aplicar a su Fiesta y a su Escort. A las 6 de la tarde el director general de Ford daba una rueda de prensa para anunciar las rebajas, mientras se preparaban los guiones para emitir un *spot* por la noche.

A las 9 y 45 se emitía el *spot* en directo, con la información sobre los nuevos precios.

Las noticias de las 10 destacaban el recorte de impuestos sobre los automóviles, y a continuación la pausa publicitaria repetía el *spot* de Ford. Cuando las noticias retomaron el hilo lo hicieron para dar cuenta de la rueda de prensa de Ford. El resultado no pudo ser mejor. Nuestros colegas de Londres sudaron tinta, pero su mensaje no pudo ser más rápido, oportuno y eficaz. Y se convirtió en la noticia del día.

Además, confirmó lo que ya he apuntado anteriormente. Si hay una noticia importante que dar, debe ser sin ninguna duda la protagonista total de la comunicación.

Hablando de futuro, me gustaría cerrar este capítulo con

una referencia a lo que es ya una realidad en España: la televisión interactiva.

Ogilvy & Mather Direct ha tenido mucho que ver en ello, pues es una de las empresas que ha apostado por trasladar esta nueva tecnología a los hogares españoles y comercializarla.

La televisión interactiva permite dar respuesta directa desde casa, participar en sondeos y concursos, pedir más información, etc. El televisor se convierte en un elemento más dinámico y el telespectador pasa a ser activo.

Anunciantes y empresas podrán estrechar sus vínculos con el consumidor desde el medio más masivo, y conseguir respuesta directa a través del mando a distancia de la televisión interactiva. Realizar acciones promocionales, ofrecer información adicional sobre sus productos, enviar vales y cupones, o vender directamente. Todo ello estará al alcance del anunciante. El futuro no ha hecho más que empezar.

12

RELACIÓN CLIENTE-AGENCIA: LAS CLAVES DE UN PACTO

Escuchar y confiar son los secretos

12.1. Sí al cliente motivador

Tiempo habrá para descubrir si tiene o no la razón, pero el cliente es quien tiene la información. Esto es indudable, como lo es también que una necesidad imperiosa lo ha llevado hasta nosotros, hasta una agencia de publicidad. Al igual que al médico, al abogado, o al arquitecto, se pide ayuda al publicitario más por necesidad que por devoción. Al menos en un principio.

Por suerte, estamos dejando de ser un servicio de urgencias para convertirnos en asesores y casi socios permanentes de toda empresa. No sólo porque vale más prevenir que curar, sino porque lejos de ser una enfermedad extraña, la comunicación se ha convertido en valor añadido indisociable de todo proceso de marketing.

Pero, sea como fuere, ahí está el cliente y nosotros a su lado. Conviene no defraudarle.

Debemos ser capaces de interpretar sus deseos y necesidades, y traducirlos oportunamente en soluciones creativas que hagan sonar su caja registradora, que den resultados contantes y sonantes.

En las relaciones cliente-agencia, la psicología juega un papel muy importante. Por eso quiero hacer un apasionado elogio del cliente motivador, así como una crítica a la existencia de algún cliente castrador.

Por suerte, he encontrado muchos más de los primeros, pero también he tenido algunas experiencias amargas con clientes que no han sabido valorar nuestro papel de *partner.*

Como ejemplo de cliente motivador quisiera citar aquí a mi padre José Bassat, a su primo Lázaro Bassat y a mi primo Samuel Yais Bassat. Fueron los tres directores de Filomatic, y durante los siete años que trabajé con ellos, lo que más tengo que agradecerles es la posibilidad que me brindaron de innovar. Exigentes y duros conmigo, pero abiertos a la creatividad, fueron conscientes de que la buena publicidad debe tener un gramo de locura. No me dejaron descansar, pero tampoco aburrir. Daban y pedían lo mismo: rigor y máxima confianza.

Me pusieron cada vez el listón más alto, pero a la vez me estimularon a saltarlo. Desde aquí se lo agradezco con la nostalgia hacia una etapa imprescindible y decisiva en mi trayectoria.

Afortunadamente, he visto repetido decenas de veces, en mi carrera publicitaria posterior, el placer de trabajar con verdaderos clientes-socios. Ellos fueron los primeros.

12.2. Lo que la agencia debe saber

A) Saber escuchar

Lo primero es lo primero: escuchar. Hay que aprender a escuchar. Y no es nada fácil, como demuestran los «diálogos de besugos» en que demasiadas veces derivan las conversaciones profesionales. No se trata de una norma de educación, de un simple «ahora hablas tú, después lo haré yo». Entre el diálogo verdadero y la suma o yuxtaposición ortopédica de diversos monólogos, dista un abismo que debemos aprender a superar.

De ahí que me guste empezar recordando una agradable experiencia: la de cómo gané un cliente importante tan sólo escuchando. Sin necesidad de pronunciar muchas palabras. Simplemente las justas y oportunas, las que demuestran sin lugar a dudas que sabes escuchar... y que escuchas.

Encarna Culubret, responsable de comunicación de la firma de moda Rodier, me vino a visitar a mi despacho para que le hiciéramos una presentación de agencia. Esto puede llegar a ser un formalismo o una reunión muy activa, según el cliente y el contexto.

Normalmente, las agencias tenemos una bobina de *spots* y algún vídeo o montaje de diapositivas en el que se explica la filosofía de la casa, el modo de trabajo y las experiencias previas más relevantes, preferentemente en el sector más cercano al del posible cliente que nos visita.

Nuestra reunión empezó a las cuatro de la tarde. Teníamos la bobina a punto. Pero Encarna tomó la iniciativa y empezó a explicar con detalle la problemática de su empresa, que era evidentemente lo que la había llevado a realizar estas reuniones de preselección de una agencia de publicidad.

Empezó a relatarnos los problemas de comunicación de Rodier, que afectaban desde sus catálogos a sus anuncios en revistas. El *briefing* era muy interesante y me limité a preguntar y dirigir un poco la conversación hacia los puntos de mayor interés para nosotros, en busca de la información que nos fuese más útil para trabajar.

La química, otra ciencia que muchas veces interviene en las relaciones humanas, funcionó a la perfección: pasadas unas horas, estaba claro que nos entendíamos bien y que estábamos hablando de lo mismo.

Hasta que nos dieron las ocho, y al poco rato las nueve. Y comprendimos que era el momento de dar por acabada la jornada. De pie, en el ascensor, Encarna me anticipó que había decidido contar con nuestros servicios.

Ya con las puertas cerrándose, recordó que había venido cinco horas antes a ver nuestra bobina de presentación de agencia y se iba sin verla. «Bueno, otro día me la enseñaréis», fueron sus últimas palabras aquel día.

No hacía falta más, porque ella se había convencido de que podíamos ser sus aliados, por el simple hecho de que habíamos comprendido su problema.

Porque habíamos permitido al cliente explicar exactamente lo que necesitaba, en lugar de pretender deslumbrarlo con el palmarés de nuestras campañas más brillantes, eficaces o galardonadas.

Volvamos un momento a la comparación del publicitario con el médico, guardando todas las distancias. Nadie como un paciente preocupado es capaz de entender si el médico está escuchando realmente su problema.

Tal vez en una primera visita nos podríamos dejar impresionar por un doctor que nos relatara todas sus operaciones exitosas, y nos mostrara cada uno de los diplomas de cursos internacionales colgados en la pared de su despacho. Pero, tarde o temprano, comprendes si de verdad esa persona escucha y entra en tu problemática, o si se sitúa simplemente por encima de ella.

El publicitario, por lo que debe tener de psicólogo, ha de resolver la mitad de su trabajo escuchando, por aquello, tan sabido como cierto, de que una vez detectado el problema ya se cuenta con media solución.

En el caso de Rodier, no era una simple buena impresión lo que se llevó la clienta. O quizás sí que ella se había llevado sólo eso, una impresión positiva. Pero en nuestro despacho había quedado mucho más. Porque las cinco horas de entrevista dieron sus frutos, y tras ellas ya habíamos hecho el primer diagnóstico: Rodier tenía un problema de posicionamiento, que requería un cambio de actitud del consumidor ante la marca. La moda avanza deprisa y Rodier no había entrado todavía en las nuevas generaciones, por lo que debía potenciar su imagen más juvenil, manteniendo la fidelidad de su clientela de toda la vida. Luego vendría el cómo ejecutarlo, pero de momento no sólo teníamos ya un nuevo cliente sino algo mucho más importante: un cliente que nos daba su total confianza desde el principio.

B) Saber interpretar

Entre mis votos como publicitario no figura el de la obediencia ciega.

Considero que la mejor manera de interpretar las necesidades del cliente es respetar sus objetivos pero con la máxima libertad creativa.

Porque muchas veces el cliente sabe qué no quiere, pero desconoce exactamente qué es lo que quiere, o cómo conseguirá comunicarlo.

En cierta ocasión, José M.ª Vives nos encargó una campaña para los sujetadores Warner's, con un *briefing* basado en sus, más que respetables, convicciones personales. Quería evitar todo erotismo, por lo que nos planteó anunciar sus sujetadores sin mostrarlos.

Yo comprendí al señor Vives y lo que él *no* quería. Pero entendí que de ahí a no poder mostrar el sujetador había un paso enorme.

Aplicamos nuestros conocimientos y llegamos a las siguientes conclusiones:

— Está absolutamente comprobado que una foto en que la modelo mira a cámara corre riesgos. Uno se juega, a cara o cruz, la posibilidad de que esa mirada moleste o no caiga bien y el lector pase rápidamente la página.
— La solución, cuando se trata de un catálogo de prendas, es que mire hacia otro lado. La explicación es lógica: también en la calle nos es más fácil observar con detalle el pantalón o los zapatos de una mujer, si somos conscientes de que no nos está mirando. Nos sentimos más libres y seguros, porque el cruce de miradas es violento.
— En el caso de la ropa interior Warner's, pensamos que lo ideal

sería que la foto no mostrara la cara de la modelo y sí en cambio mostrara perfectamente el sujetador.

Una vez hallada la solución, no fue difícil convencer a José M.ª Vives. Habíamos seguido sus instrucciones estrictamente, aunque no «al pie de la letra». Alguien podría decir que habíamos hecho lo contrario: nos pidió no mostrar el sujetador y acabamos enseñándolo a un tamaño ampliado, con todo detalle, como protagonista absoluto del anuncio.

Pero en realidad evitamos cualquier carga erótica y nos pusimos al servicio total del cliente, de su producto y de sus convicciones. Para vender, y punto.

C) Saber convencer

Les he hablado de cómo convencimos a Rodier casi sin abrir la boca, aunque las cosas no siempre son así. La vida de un publicitario está llena de sonrisas, pero también de lágrimas. Saber convencer es un arte. El 90% de posibilidades de convencer a un cliente de la bondad de una campaña reside en el producto a presentar, o sea, en la propia campaña. Pero hay algo más. La confianza en uno mismo. La seguridad, y la suerte.

Déjenme que les hable de la suerte. De la mala suerte, en este caso.

La historia ocurrió en la presentación de un *spot* a un nuevo cliente, el Hospital General de Catalunya. Era el primer *spot* de televisión para esa entidad hospitalaria privada, y todos los consejeros quisieron asistir a la primicia.

No habíamos podido rodar el edificio del Hospital, porque aún no estaba terminado, por lo que realizamos algo sencillo, directo y memorable. Por el camino del símbolo visual. Una señal de tráfico con la H de Hospital, contra la que iba a romperse, a cámara lenta, una botella de cava. Era la analogía de la botadura de un nuevo barco, y con todo el énfasis en la inminente inauguración.

Para la presentación, íbamos a estrenar un nuevo proyector de 35 mm magnífico, que permitía mezclar la banda de sonido con el celuloide de la imagen, antes de convertir ambos en la película terminada. El cliente podría ver el *spot* exactamente igual que si estuviera terminado, pero con la posibilidad de realizar las modificaciones pertinentes de forma menos costosa.

Y ahí llegó el azar dispuesto a jugarnos una mala pasada. Dice la famosa ley de Murphy, de gran predicamento entre los publicitarios, que «en una presentación, cuando algo puede fallar, falla». Y aquel día se cumplió. Porque la presentación no pudo salir peor.

Ante los casi veinte consejeros, nos dispusimos a proyectar el *spot*. Sabido es lo importante del primer impacto, la impresión global.

Un profesional puede interpretar tan bien una parte como el todo, pero el cliente debe verlo acabado, para juzgar el *spot* como lo hará el consumidor.

El maldito aparato nos dio el día. El último grito en tecnología, un mezclador fácil e infalible, se las quiso dar de protagonista. Una vez salía el audio sin el vídeo, otra el vídeo sin el audio, y así sucesivamente, hasta convertir el *spot* en una auténtica tortura para los consejeros del Hospital General de Catalunya, ¡y para nosotros!

La capacidad de reacción es algo decisivo en una agencia, y en eso no fallamos. En cuestión de minutos reservamos una sala en una productora cercana, que disponía del mismo aparato para proyectar el *spot* y conseguimos cuatro taxis para que nos llevaran. Pero más de la mitad de los consejeros ya no pudieron venir por haberse hecho tarde para ellos.

Los que vinieron, aprobaron el *spot* sin entusiasmo. Lo habían visto a trozos y de mala manera demasiadas veces. Pocas semanas después me comunicaron que cambiaban de agencia y lo sentí en el alma.

No sé si la suerte es la mejor aliada en el arte de convencer al cliente, pero desde aquel día sé que la mala suerte es un enemigo casi insalvable si ataca en un momento tan decisivo como el de la presentación.

D) Saber esperar

Les conté en la introducción a este libro cómo tuve que esperar 24 años para conseguir un cliente como Danone. Saber esperar es también un arte, y les aseguro que en publicidad no es aconsejable hacerlo sentado, sino trabajando duro.

Lo de sembrar para recoger va muy en serio en nuestro negocio. El mundo es un pañuelo, la gente se mueve y el director general de una compañía puede serlo mañana de otra...

Cuando mi agencia de publicidad era realmente pequeña y todavía se llamaba Publicidad Venditor, tuve entre mis clientes a la Compañía Roca de Radiadores, importantísimo fabricante de calefacción, aire acondicionado y sanitarios. Nuestra relación fue magnífica. Con la colaboración de las diseñadoras Teresa Tayá y Mar Lisón, les ayudamos a plantear el diseño de unas nuevas bañeras que se anticiparon demasiado al tiempo.

Hoy las líneas de baño se han sofisticado, pero entonces las necesidades y reformas de muchos hogares iban por otros derroteros.

Lo importante es que el trabajo de la agencia y de sus colaboradoras externas fue bien valorado.

Años más tarde, en 1985, Salvador Gabarró, director general de Roca, me llamó para una reunión. Al poco rato de vernos le pregunté por qué se había acordado de mí en el momento de plantearse suprimir su departamento interno de publicidad y pensar en una agencia.

Su respuesta se remitía al pasado. Le habíamos causado una muy buena impresión, más de diez años antes. Habíamos sembrado, efectivamente, a pesar de no haber cosechado un gran éxito inmediato en aquellos instantes. Y la semilla acabó dando sus frutos, permitiendo iniciar una nueva relación profesional.

Poco más o menos nos ha ocurrido con Frigo. Durante años

hemos sido responsables de la publicidad de su gama de congelados, Iglo, en la que no dominan el mercado, mientras que su producto más sabroso, los famosos helados que lideran absolutamente el consumo español, era anunciado por otras agencias.

Nuestro trabajo fue duro. Pero la lección final es que cuando de verdad quieres ganar una cuenta, la ganas.

Coincidiendo con una gran fiesta como los Juegos Olímpicos de Barcelona, se nos ofreció la posibilidad de concursar para la cuenta de Frigo como patrocinador olímpico. Se juntaban dos factores: el interés del cliente por probarnos en esta gama y nuestro trabajo en las Ceremonias Olímpicas.

Cuando la oportunidad llega, lo primero que hay que recordar es que tal vez será la única que tengamos.

Nos preparamos a fondo. Tanto que nuestra sala de presentaciones se hizo pequeña. Allí «forramos» literalmente las paredes con un centenar de bocetos del material propuesto.

Y, como estrella de la noche, un *spot*.

La idea, que quizás recordarán porque —lo anticipo— fue la ganadora, era sencilla. Una antorcha olímpica, pero muy particular. El fuego salía de un cucurucho de helado, típico de los de Frigo, y la voz en *off* esperaba a que se hubiera producido la sorpresa visual para anunciar: «*Aunque parezca mentira, éste es un anuncio de helados*».

Luego vendrían productos más específicos, como el Cobi-Frigo, basado en la personalidad de la mascota olímpica. Pero nosotros ya estábamos allí. Por saber esperar... y por saber escuchar, interpretar y convencer.

12.3. Cómo seleccionar, evaluar y usar una agencia de publicidad

He aquí unas cuantas sencillas normas que le ayudarán mucho a la hora de seleccionar, evaluar y usar una agencia de publicidad.

A) Cómo seleccionar una agencia

1. Hágalo usted mismo, no lo deje en manos de un comité.
2. Hojee algunas revistas y mire la televisión. Vea qué anuncios le venden bien el producto y le hacen más deseable la marca. Entérese de qué agencias los han hecho.
3. Averigüe cuáles de estas agencias trabajan para sus competidores y cuáles no.
4. Concierte entrevistas con la gente clave de las agencias finalistas (el factor humano es decisivo, como en cualquier matrimonio). Explíqueles su problema y juzgue su capacidad y su actitud para solucionarlo.
5. Vea y analice los mejores trabajos realizados por cada agencia.
6. Trate el aspecto económico al final, una vez haya seleccionado su agencia (no escoja nunca una agencia por el precio: lo barato siempre acaba resultando caro).

B) Cómo evaluar el trabajo creativo de una agencia

1. Evalúe la capacidad estratégica de la agencia y su respuesta al *briefing*.
2. Evalúe el cumplimiento de los objetivos de comunicación fijados tanto a corto como a largo plazo.
3. Evalúe el tiempo y el entusiasmo de la respuesta.
4. Compruebe si su campaña cumple con cada uno de los diez principios generales de la publicidad:

I. Vende el producto hoy y construye la marca para mañana.
II. Capta la atención del espectador inmediatamente.
III. Contiene una fuerte idea de venta y promete un beneficio interesante y alcanzable para el consumidor.
IV. La idea es simple, clara y se entiende a la primera.
V. Destaca de la competencia, del resto de la publicidad y del entorno.

VI. Es memorable.
VII. Es relevante para los posibles consumidores del producto.
VIII. La marca está integrada en la idea central.
IX. No es un anuncio aislado sino una campaña, capaz de perdurar y crear un activo publicitario.
X. El mensaje se adecua a las características de los medios, aprovechando todas sus ventajas y aceptando sus limitaciones.

C) Cómo usar una agencia

1. Haga su trabajo y deje que la agencia haga el suyo.
2. Redacte y discuta un buen *briefing* y escuche con todo el interés la presentación del *contrabriefing* y de la campaña.
3. Evalúe cada año a la agencia, dando su opinión sobre la relación, el rendimiento global y el particular de cada departamento y persona.
4. No deje que los trabajos de la agencia sean juzgados por más de dos niveles, o verá cómo su creatividad es la del miedo, y no la innovadora y diferenciada que usted está buscando.
5. Trate con sensibilidad a los creativos. Tumbarles una campaña es como abortarles un hijo, y a la inversa: aprobársela es como decirles que han tenido el niño más guapo del mundo. Felicítelos cuando esté realmente satisfecho con su trabajo.
6. Motive a todo el equipo de la agencia, porque es su *partner*, su socio, y no un proveedor más.

12.4. Los diez mandamientos para llegar a ser un ejecutivo «10»

Los directores de cuentas y ejecutivos tienen un papel fundamental en las relaciones cliente-agencia. Son la correa de transmisión que lleva la fuerza de la agencia a los productos de los clientes. Representan al cliente dentro de la agencia y a la agencia en casa del cliente.

Éstos son los consejos, mejor diría mandamientos, para llegar a ser un director de cuentas o un ejecutivo «10».

1) Accede a toda la información posible

La transparencia informativa se gana con profesionalidad, honestidad y trabajo.

A. *Conócelo todo sobre la compañía:*
— Historia.
— Evolución.
— Cultura corporativa.
— Forma de administración.
— Filosofía.

B. *Conócelo todo sobre el producto:*
— Proceso de fabricación.
— Tiempos mínimos de reacción frente a un problema.
— Componentes.
— Beneficios reales.
— Puntos fuertes y débiles.
— Pruébalo y úsalo.

C. *Conócelo todo sobre su comercialización:*
— Historia desde su lanzamiento.
— Equipo de ventas.
— Distribución.
— Estrategias formuladas y sus resultados.
— Comportamiento del consumidor.
— Precio.

D. *Conócelo todo sobre la competencia:*
— Productos.

— Estrategias.
— Precios.
— Comunicación.

E. *Conoce lo mejor posible al consumidor:*
— Su perfil detallado.
— Su comportamiento.

F. *Conoce lo más posible al cliente.*

2) Logra la identificación agencia-anunciante

Hay que buscarla desde el principio de la relación. Piensa en «nuestro producto», «nuestra competencia», «nuestra campaña».

3) Trabaja con la máxima motivación

El entusiasmo se contagia. Un equipo unido y motivado obtiene mejores resultados.

4) Consigue la mayor rentabilidad para el cliente y para la agencia

Gestiona su presupuesto como si fuera tuyo. Intenta acertar siempre a la primera, y controla todos los gastos.

5) Crea una buena relación de trabajo

A base de confianza, rigor y seriedad. Con información, motivación, medios y tiempo.

6) Evita riesgos innecesarios

Sólo lo conseguirás anticipándote a los problemas y sabiendo decir «no» cuando sea necesario.

7) Consigue un buen *timing*

El *timing* no debe ser demasiado apretado, para evitar presiones insalvables, pero una vez pactado debe ser respetado al segundo.

8) Sé por encima de todo objetivo y discreto

No afirmes nada no demostrable, y comprueba y consigue la información exacta en lugar de decir «me parece». La discreción es sagrada.

9) Compruébalo todo

Antes de iniciar el trabajo, mientras se realiza el trabajo, y cuando llegan los resultados.

10) Conserva el cliente

Es el valor más alto de la agencia y de todo ejecutivo. Mímalo y haz que se sienta siempre bien tratado.

NOTA:

Estos diez mandamientos se resumen en dos:

«Conoce al cliente como a ti mismo y consigue los mejores resultados para él y para la agencia».

13

PROMOCIONES, MARKETING DIRECTO, RELACIONES PÚBLICAS Y PUBLICIDAD CORPORATIVA

Sumando esfuerzos: todos a una

13.1. La comunicación integral

Hubo en nuestro país una agencia de publicidad muy fuerte en prensa que, cuando apareció la televisión, no le dio ninguna importancia, y se limitó a afirmar pomposamente: «*La prensa nunca desaparecerá*». Lo que sí desapareció fue esa agencia tan poco abierta a las nuevas tendencias, que se negó a mirar un palmo más allá de sus narices.

Las agencias de publicidad no desaparecerán. Pero sobrevivir y progresar exige una continua revisión y transformación. La mejor agencia acaba siendo aquella que se convierte en una empresa de comunicación integral, la que no da la espalda a ninguna nueva iniciativa.

Comunicación es la clave. Ventas, el objetivo. El resto son técnicas en constante evolución que requieren rigor, profesionalidad e investigación.

Hemos hablado de esa relación de confianza entre agencia y cliente, de ese trato de socio que debe establecerse. Pues bien, uno de los secretos es precisamente que la agencia controle los cabos, para que no quede ninguno suelto, para que se racionalicen las inversiones y no se dupliquen esfuerzos.

Al anunciante le corresponde la labor de investigar y mejorar su producto, el estudio y desarrollo de productos nuevos, la mejora de su distribución y el control de costos para competir mejor. A la agencia, ni más ni menos que garantizar la mejor y más creativa estrategia publicitaria, la mejor producción gráfica y cinematográfica, la planificación de medios más adecuada, la investigación de mercado necesaria, todo ello coordinado con el mejor servicio, las promociones más adecuadas, el plan de marketing directo más eficaz y las mejores relaciones públicas.

Porque, como hemos visto, la publicidad se encarga de convencer consumidores, de crear, cambiar o consolidar actitudes, de conferir al producto una personalidad propia y una imagen de marca memorable.

Pero la promoción nos ayudará a activar las ventas de forma inmediata.

Y el marketing directo tenderá ese puente de comunicación entre la empresa y los grupos de consumidores, para explotar en ambos sentidos una relación de amistad y confianza, que deriva en transacción comercial.

Sin olvidar las relaciones públicas, que nos ayudarán a crear un estado de opinión favorable.

Todos a una. Toda la gente, todas las disciplinas, han de seguir los mismos principios, luchar por los mismos objetivos.

Norman Berry, que fue director creativo de Ogilvy & Mather Worldwide, acuñó la siguiente frase: *«Dadme la libertad de una estrategia bien definida»*. Puesto que el mensaje parece contradictorio, lo matizó: *«Sin una estrategia bien definida, tendrás anarquía. Con una estrategia bien definida obtendrás la libertad de ejecutarla de tantas maneras como las circunstancias lo requieran.»*

Sin ánimo de contradecir la famosa frase bíblica, se puede afirmar que es imprescindible que la mano derecha sepa lo que está haciendo la mano izquierda.

Los anunciantes esperan de una agencia más que nunca, entre otros motivos porque lo necesitan más que nunca. Esperan que sepamos desarrollar una estrategia de comunicación integral. Porque la publicidad sola no basta, o mejor dicho, porque la publicidad sola ya no basta.

Las fronteras se han roto, muy especialmente entre los medios tradicionales y lo que son promociones y marketing directo, totalmente vinculados a una buena estrategia de comunicación global.

Durante mis siete años dedicados a Filomatic, las campañas de esa empresa fueron de lo más completo que existía en aquel entonces. Incluyeron publicidad en todos los medios, promociones a consumidores, detallistas, mayoristas y vendedores, viajes de incentivo, marketing directo, muestreo a tres millones de hogares y patrocinios deportivos, como los de la Vuelta Ciclista a España o el Club Picadero Filomatic, uno de los grandes equipos de baloncesto y balonmano de la época.

La experiencia fue realmente enriquecedora. Pude hacer cosas que en España se habían hecho muy poco, o nunca. Por ejemplo, seguir durante cinco años consecutivos la Vuelta Ciclista a España. Yo iba en un coche repartiendo hojas de afeitar, haciendo publicidad *in situ*.

En una de las ediciones se nos ocurrió hacer una promoción y regalar un coche cada semana durante tres meses. Para darle mayor veracidad cogimos los 12 coches, los pusimos en un *trailer* y los llevamos de etapa en etapa, a lo largo de todo el recorrido, para que se pudieran ver y tocar en toda España.

Por suerte, intuición u olfato, la promoción nos la hizo Luis del Olmo, que acababa de llegar de Barcelona. Fue un privilegio contar con esa voz, que hoy es una de las más escuchadas y queridas de todo el país.

Jaime de Mora y Aragón llenó el Pueblo Español de Barcelona el día del sorteo, montando en un escenario todos los sacos con los tres millones de cartas recibidas.

Todo ello, con una estrecha labor de relaciones públicas, y capitaneado por los *spots* televisivos de Gila, coronó un gran éxito empresarial, en que Filomatic llegó a conseguir el 68% de cuota de mercado frente al 20% de Gillette, lo que obligó a esta multinacional a comprar ese competidor tan invencible.

Hablamos de hace 20 años. En aquel entonces, Filomatic se anticipaba a la realidad cubriendo todas las áreas de comunicación. Hoy, controlar todas las disciplinas de la comunicación y apostar al unísono por cada una de ellas es absolutamente imprescindible. No es una oportunidad dorada, sino una necesidad imperiosa. El éxito vendrá de una buena ejecución de las campañas, del dominio de todos los registros.

13.2. Las promociones

La promoción es demasiado importante como para ignorarla, demasiado popular para evitarla, demasiado rentable para postergarla. En 1985 se invirtieron en Estados Unidos 85.000 millones de dólares en promoción de ventas frente a sólo 55.000 millones en publicidad.

Año tras año, el crecimiento de la inversión en promoción supera al crecimiento de la inversión en publicidad. Las estadísticas a nivel mundial reflejan una tendencia similar. En los últimos 10 años, la promoción aumenta un 12% al año, mientras que el aumento de la publicidad es solamente del 9,5%. Por fortuna, ya han pasado los tiempos en que resignadamente se afirmaba que las promociones erosionaban la imagen de marca de los productos.

Del simple objeto promocional hemos pasado a la idea promocional. De la táctica a la estrategia. Una estrategia que puede llegar a modificar el comercio de ciertos productos. En algunos países, los fumadores ya no compran encendedores, sino que los obtienen gratis a través de la promoción.

Ahora bien, para dar el salto de la promoción como simple solución táctica a la promoción como parte de la estrategia, hace falta preparación, estudio previo e investigación, para asegurar la futura aceptación por parte del público y de la distribución. Como ocurre con la publicidad.

Lo primero que debemos preguntarnos antes de plantear una estrategia promocional es quién puede influir en el resultado de las ventas y cómo.

— La red de ventas.
— El canal.
— El consumidor.

En muchas ocasiones no es necesario actuar en los tres frentes para conseguir los objetivos perseguidos. Pero cuando la promoción se dirige directamente al consumidor, es importante tener en cuenta la intervención de los otros dos sectores.

A) La mecánica promocional

Hay docenas de ellas, la mayoría con infinitas variantes, e incluso con posibilidades de unir o combinar varias entre sí.

William Robinson califica las siguientes como las más usuales para productos de consumo:

— Repartos de muestras.
— Cupones de descuento.
— Descuentos directos.
— Regalos en cada envase.
— Obsequios contra envoltorios.
— Premios autoliquidables.
— Concursos y loterías.
— Bonificaciones por tamaño.
— Puntos o sellos canjeables.

B) El incentivo

Es la esencia de la promoción, el beneficio extra que se le da al producto para lograr su venta.

Decirlo es fácil. Seleccionarlo es mucho más difícil de lo que parece. Sólo disponiendo de una amplia información cualitativa sobre el consumidor, sobre sus gustos, sus aficiones, sus deseos y sus sueños, podremos estar seguros de acertar.

Para un *target* amante de los coches y de la velocidad, la posibilidad de ser piloto en una carrera o de conseguir un cursillo de conducción deportiva en el circuito del Jarama, son sin duda grandes incentivos. Fue la oferta de Ford para promocionar su XR2i. Fue todo un éxito.

C) La comunicación

Aquí es donde se cometen los mayores errores. Sin una comunicación adecuada, la promoción no funciona bien. El incentivo debe ser el centro de la comunicación, por encima incluso de los beneficios del propio producto. Y debe contar con los medios suficientes para llegar a su destinatario.

Si Nescafé no utilizase los grandes medios como la televisión para lanzar su excelente propuesta promocional *«Un sueldo para toda la vida»,* no hubiese conseguido los espectaculares resultados que ha obtenido.

Una promoción bien hecha no sólo no perjudica la imagen de marca sino que puede ayudar a consolidarla.

Nosotros realizamos, hace un tiempo, unas degustaciones del vermut Martini, en las principales terrazas de España. Algo muy corriente, ¿no?

Lo creativo fue que las azafatas que ofrecían la degustación eran patinadoras, vestidas y peinadas exactamente igual que la mítica chica Martini de la publicidad de la televisión.

Acercando la ficción a la realidad, convertíamos al anuncio en protagonista de la promoción, por lo que aumentábamos su impacto y reforzábamos la imagen de marca.

La creatividad, lo nuevo en marketing, muchas veces consiste en unir dos cosas que por separado son conocidas, pero que al juntarlas multiplican extraordinariamente su efectividad. Como ocurrió en el caso de Martini, que obtuvo el premio Diana del Club de Marketing de Barcelona a la mejor promoción del año.

13.3. El marketing directo

Es toda actividad publicitaria que permita alcanzar a los consumidores y animarles a que, como individuos, respondan directamente.

Cualquier medio es capaz de obtener respuestas directas: televisión, radio, prensa, revistas, carteles, telefoneo, buzoneo, cupones de sorteo...

Su gran objetivo es incrementar las ventas haciendo amigos.

El consumidor fiel es un activo muy difícil de encontrar... y conservar. Hoy flirtean de marca en marca, algo agobiados por la avalancha de productos, de mensajes, de marcas...

El proceso ha sido lógico. Hoy el consumidor tiene de todo a su alcance, pero le falta algo a medida. Prefiere ser tratado como individuo que como parte de la masa. Se siente distinto de los demás, y no tiene ninguna culpa de que la sociedad haya convertido el consumo en una actitud masiva.

El consumidor es nuestro mejor activo. Su confianza en nosotros puede darnos alas para volar por encima de la competencia. Pero hay que ganarla en un pulso diario, hablándole al oído.

Toda empresa aspira a mucho más que a una venta esporádica. Y para ello, nada mejor que ganarse la amistad de los clientes, que tratarlos como personas individuales y ofrecerles la oportunidad de dar su opinión.

Podemos hacerles productos a su medida, y vendérselos desde los canales más fáciles y directos.

El marketing directo es la mejor alternativa a una relación personal con los consumidores. Como en toda amistad, hay que dar para recibir, hay que poner el corazón para que ese desconocido no pase de largo, para que se convierta en consumidor fiel.

Una de las claves es la información. Porque cuanto más se conoce a una persona más fácil resulta venderle un producto o servicio.

El marketing directo recupera el trato personal de hace un siglo, pero más perfeccionado y rentable, porque se ayuda de la informática.

Desde 1960, el coste del proceso de datos se ha abaratado unas 20.000 veces, y su operatividad ha aumentado aproximadamente un millón.

Ahora podemos ser como el propietario del bar, que recuerda los nombres, gustos y hábitos de sus clientes. Podemos procesar sus nombres y direcciones e integrarlos en una base de datos, lo que nos permitirá saber sus necesidades, predecirlas, ofrecerles nuevas oportunidades, felicitarles por su cumpleaños, etc.

La base de datos es el corazón de la estrategia del marketing directo, pero el mensaje será sin duda el alma. El ordenador requerirá la intervención humana.

Construir una relación

Con la base de datos instalada, ya estamos en disposición de ganar amigos.

¿Cómo? Muy sencillo. Convirtiendo los mensajes masivos e impersonales en multitud de diferentes mensajes que sean segmentados, directos e individuales. Así podemos comprobar la eficacia de los mensajes, premiar a los *heavy users,* o consumidores más habituales, para asegurar su fidelidad, reactivar a clientes pasivos, o provocar nuevas compras cruzando datos de unas bases con otras, en busca del consumidor que necesita nuestro producto, pero que todavía no lo ha probado.

Hay beneficios para el anunciante y para el consumidor. Las ventajas son para todos. Afinando la puntería y lanzando mensajes directos, se racionaliza la inversión en los dos sentidos. Primero, porque se concentra mucho más el gasto en consumidores potenciales. Segundo, porque no se pierde tiempo y dinero intentando seducir a quien por sus condiciones objetivas nunca podría serlo.

Integrar el marketing directo a la publicidad general permite que el conjunto de las comunicaciones tenga mayor consistencia.

En el marketing directo todo puede ser medido y cuantificado. Así podemos saber qué funciona y qué no.

Tan importante es tener en cuenta el impacto que crea nuestra publicidad de marketing directo en el que responde al mensaje, como en el que todavía no lo hace.

La investigación demuestra, por ejemplo, que un 70% de las personas que reciben envíos por correo los examinan. Es decir, que la gran mayoría está juzgando ese mensaje. Por eso hay que mantener las espadas de la creatividad bien en alto, valorando el efecto persuasivo. Hacerlo mal puede tener unas consecuencias pésimas e irreparables, hacerlo bien puede conseguir una fidelidad que la competencia no podrá romper.

Para quien desee profundizar en el marketing directo, me permito recomendar el libro *Nunca vendas a un extraño* de Ramón Guardia, que tuve el gusto de prologar.

13.4. Las relaciones públicas

La primera definición de relaciones públicas que recuerdo decía: *«Hacerlo bien y hacerlo saber»*.

Recuerdo que me explicaron el caso de una empresa, cuyo personal era mayoritariamente femenino y joven, que abrió una guardería para que sus empleadas, al irse casando y teniendo hijos, pudieran continuar trabajando con el mismo cuidado y atención que de solteras. La empresa comunicó a través de un programa de relaciones públicas la creación de la guardería, como botón de muestra de lo que significaba para ella hacer las cosas bien hechas.

La realidad hoy, es que la mayor parte de las compañías no

se acuerdan de las relaciones públicas hasta que truena. Es decir, hasta que surge algún problema que las hace absolutamente indispensables.

Tanto es así que últimamente se han hecho muy populares los denominados «planes de crisis», como veremos más adelante.

Durante muchos años, los presidentes de las grandes corporaciones pagaban a sus agencias de relaciones públicas por aparecer en los medios. Hoy en día, esos mismos presidentes las pagan por no aparecer.

Con ello no quiero decir que las relaciones públicas no puedan ser un perfecto aliado de los planes positivos de comunicación de las empresas. Pero lo cierto es que su utilización se ha convertido en masiva en el momento en que las empresas han empezado a tener problemas individual o colectivamente.

Sucede a veces, que el entorno en el que se mueven los productos cambia. Como por ejemplo en el caso del tabaco. De ser un producto que demostraba masculinidad, pasó a ser igualmente femenino y, en algunos ambientes, incluso mayoritariamente femenino. En la actualidad, especialmente entre la gente joven, se empieza a ver como símbolo de las personas débiles y nerviosas, que no pueden hacer frente a su adicción, una adicción socialmente perseguida cada vez en más países.

Lo mismo ocurre con la materia grasa en los alimentos, especialmente en los infantiles; con los aerosoles, que atacan la capa de ozono; con los automóviles rapidísimos y ostentosos, etc.

Lógicamente, si el entorno cambia, los productos y su comunicación deben cambiar también.

Las relaciones públicas pueden ayudarnos a influir sobre todos los elementos que actúan sobre ese entorno: la prensa, las asociaciones de consumidores, las instituciones, los medios y cualquier colectivo que contribuya a formar la opinión, creando un mensaje apropiado para cada uno de ellos.

A) Sobrevivir en el desierto

Para explicar la importancia del entorno, las Escuelas de Formación de Altos Directivos suelen utilizar un caso práctico.

Se trata de un avión que acaba de estrellarse en el desierto de Sonora. En su interior han quedado intactos diez objetos que pueden ser útiles: una brújula, agua, un mapa, un paracaídas, un espejito, una pistola...

El ejercicio consiste en valorar del 1 al 10 cada uno de esos objetos, en función de la importancia que les conceda el alumno de cara a su supervivencia.

Pues bien, la elección de cada objeto estará condicionada por una decisión previa. Si decide quedarse al lado del aparato hasta que le rescaten, los objetos que seleccionará en primer lugar serán los relacionados con la señalización. Si, por el contrario, decide ponerse a caminar hasta encontrar un lugar en el que pueda sentirse a salvo, optará por aquellos otros que le sirvan de orientación.

Esta primera decisión es lo que se denomina el entorno. No se racionaliza, se crea a base de educación recibida, la información acumulada, las convicciones políticas, morales o religiosas... y es variable.

En Estados Unidos, casi todos los estudiantes a los que se les plantea este caso de «supervivencia en el desierto» optan por esperar ayuda. En cambio, los estudiantes españoles deciden mayoritariamente ir a la aventura en busca de su salvación. ¿Por qué? Pues probablemente porque el ciudadano norteamericano confía más en sus instituciones, en que le irán a salvar, que nosotros en las nuestras.

El pasado agosto realicé personalmente el ejercicio en un curso de verano de la Universidad Complutense, que tuvo lugar en El Escorial, y el resultado fue, otra vez, abrumadoramente claro. La gran mayoría de los ciento y pico de asistentes escogieron los objetos que les permitirán salir zumbando en busca de su salvación.

B) El Plan de Crisis

Grandes empresas como McDonald's o Perrier han tenido que hacer frente a auténticas crisis, y han sabido salir de ellas incluso reforzadas.

Hace unos años, un informe de la OCU (Organización de Consumidores y Usuarios) puso en tela de juicio la calidad de las hamburguesas de las principales compañías, provocando caídas del consumo. La respuesta de McDonald's no se hizo esperar. La empresa desplegó todos los medios a su alcance para demostrar tanto la preparación de su personal como su rigurosa selección de materias primas y su cuidada elaboración.

En el caso de Perrier, la respuesta fue aún más drástica. Antes de que saltase la noticia de que en una partida embotellada en junio del 89, se había detectado una cantidad de benceno superior a los límites permitidos, decidió retirar de inmediato todas las botellas del mercado. En total, 160 millones de botellas, de ellas 72 millones sólo en Estados Unidos y Canadá.

Una vez superado el problema, Perrier volvió al mercado si cabe con más fuerza todavía. Su presidente, Gustave Leven, había declarado en una rueda de prensa en París: *«Nuestra imagen, y el respeto y la confianza de los consumidores, no tienen precio para mí»*.

Como dice la famosa ley de Murphy, *«Si algo puede fallar, falla»*. Lo importante es estar preparado. Saber qué es lo que puede ocurrir, y qué es lo que debemos hacer en caso de que ocurra.

Es lo que en relaciones públicas se denomina «Plan de Crisis». Básicamente, consiste en inventariar los riesgos que puede correr una empresa y tener previsto de antemano qué personas actuarán de portavoces y con qué criterio lo harán, ante cualquier circunstancia adversa que pueda perjudicar a la compañía. Responder con rapidez, exactitud, minuciosidad y coherencia, ante los medios de comunicación y ante la sociedad en general, es indispensable frente a una situación de crisis. Y eso es algo que difícilmente se puede improvisar.

Piense si no, en lo que le ocurrió a la empresa petrolífera Exxon, cuando su petrolero *Exxon Valdez* vertió 260.000 barriles de crudo en las costas de Alaska. El accidente pilló a la tercera compañía industrial más importante del mundo completamente desprevenida, a nivel de comunicación. Los medios ofrecieron una imagen de incompetencia total. Todo lo que Exxon hizo o dejó de hacer, todo lo que dijo y lo que silenció, todavía empeoró más la situación. *«Cuando ese barco se fue contra las rocas, nuestra imagen pública naufragó»*, concluía un informe interno de la compañía.

C) Cómo tratar a los medios

En la era de la comunicación, el interés del público y de los medios de difusión por los asuntos de las empresas es legítimo.

Partiendo de esta base, he aquí diez consejos que pueden serle útiles en su relación con los medios:

1. Escoja un portavoz autorizado de la empresa. Puede ser usted mismo o una persona de su máxima confianza.
   Piense que ha de hablar en nombre de la compañía, tanto en situaciones rutinarias como en momentos de crisis.

2. Acepte los hechos tal como son. Haga un esfuerzo de objetividad. No se deje llevar por las emociones ni se autoengañe. Antes de protestar, mire por la ventana, no sea que su empresa esté ardiendo y usted no lo sepa.

3. Pase lo que pase, hable siempre. Si se ha equivocado, admítalo con sinceridad e incluso con candidez. Evite las excusas. Pida disculpas, prometa no volver a hacerlo, y explique el modo en que va a arreglar la situación. El silencio siempre es perjudicial. Decir poco es mejor que no decir nada.

4. Trate de comprender a los medios. Su trabajo consiste en exponer historias que atraigan a la audiencia, y en general lo

hacen con márgenes de tiempo muy reducidos. No se haga el importante con ellos. No les dé largas o cuando quiera darse cuenta será demasiado tarde.

5. La mayoría de las grandes empresas e instituciones se relacionan de un modo rutinario con las publicaciones del sector, con los periodistas especializados y con los diarios y revistas de información general. No cometa el mismo error. Facilíteles su labor, y admita que existen formas de ver las cosas diferentes a la suya.

6. Déles razones para que le respeten. Recuerde que su reputación depende tanto de lo que usted dice como de lo que usted hace.

7. Tome la iniciativa. No espere siempre a que suene el teléfono. Sólo le llamarán cuando suceda algo negativo. Si cree que tiene una buena historia, cuéntela. Pero no se enfade si no se la publican. Probablemente, sólo el diez por ciento de lo que usted considera noticia lo es en realidad.

8. Sepa con quién está tratando. Los medios no son monolíticos. La prensa es distinta de la televisión, y ésta de la radio. Las revistas son diferentes de los diarios. *La Vanguardia* no es *El País*. *El Periódico* no es *Diario 16*, y *Cambio* no es *Tiempo*.

9. La televisión desenmascara, desmitifica. No se acerque a ella si no está muy seguro de lo que va a decir y no ha roto muchos moldes en el difícil terreno de la expresión oral. Si finalmente se decide a aparecer en la pequeña pantalla, utilice palabras sencillas y frases cortas. Evite las sutilezas que sólo usted entiende. No hable para sus amigos, sino para el público en general.

10. Por último, sea humano. Parece obvio, pero no es fácil. Los periodistas y el público sentirán normalmente más simpatía por una persona que por una empresa. Si puede hacerlo sin mentir ni parecer tonto, muéstrese como una persona con sentimientos. Insista en que se le juzgue a escala humana.

Podríamos seguir hablando de las relaciones públicas hasta llenar un libro tan extenso como éste. Pero no es ése mi objetivo.

Simplemente, quería apuntar aquí la conveniencia de incluirlas en los planes de comunicación de la empresa. Siempre. Y no sólo cuando truena.

13.5. La publicidad corporativa

Frente a un mercado cada vez más competitivo, la imagen corporativa, es decir, lo que la sociedad piensa de nuestra empresa, se revela como un arma diferenciadora realmente importante.

Muchos nos hemos planteado en más de una ocasión en qué entidad bancaria hacer una imposición de dinero. Con frecuencia los intereses de una a otra no varían en más de un 0,5%, pero en la mayoría de los casos no es esa pequeña diferencia lo que nos ayuda a decidir, sino la imagen más o menos favorable que tengamos de cada una de ellas.

Conseguir una publicidad corporativa verdaderamente eficaz requiere partir siempre de un concepto sólido, verosímil. No basta con que sea verdadero, ha de ser creíble.

Debe ser, además, relevante, es decir, lo suficientemente atractivo como para justificar ante la sociedad el cambio de imagen propuesto. Debe corresponder con la filosofía de empresa y con la estrategia de futuro de la misma. Y debe mantener, por encima de todo, su vocación de continuidad.

Si lo logramos, veamos qué es lo que la publicidad corporativa puede hacer por nuestra empresa.

A) Hacer que sea conocida

El conocimiento inspira confianza. Cualquier vendedor sabe lo difícil que es conseguir una venta cuando el posible comprador no ha oído hablar nunca de la empresa, no conoce sus productos, no sabe a qué se dedica o no tiene ni idea de cuál pueda ser su reputación.

B) Influir en la opinión de los expertos

Contar con la opinión favorable de los expertos inversores y analistas financieros predispone a que sus acciones coticen por encima de las de otras empresas menos conocidas.

C) Influir en la opinión pública

Abraham Lincoln dijo una vez: *«Con la opinión pública de tu parte, nada puede fallar. Con la opinión pública en contra, nada puede salir bien»*.

La publicidad corporativa puede ayudar a cambiar la percepción que la gente tiene de una determinada empresa.

D) Motivar a los propios empleados

Ninguna empresa puede funcionar bien si sus empleados no se sienten orgullosos de pertenecer a ella.

El factor humano es hoy en día un requisito indispensable para poder plantearse el futuro con garantías de éxito.

Quizá por ello uno de los principios básicos de Ogilvy & Mather ha sido siempre *«ser el mejor lugar de trabajo para los mejores profesionales de la publicidad»*.

E) Fortalecer las relaciones empresariales

La publicidad corporativa puede, y debe, ayudar a mejorar nuestras relaciones con otras empresas.

Lo que *no* puede hacer, en cambio, es actuar a corto plazo. Por eso, la publicidad corporativa tiene su gran defensor en el presidente ejecutivo. Los otros directivos suelen preocuparse más por la cuenta de resultados, los datos Nielsen, la participación de mercado o el presupuesto.

Más de una vez se ha dicho que construir la imagen de empresa es como cultivar espárragos. «El mejor momento para empezar es hace 5 años.»

En definitiva, la publicidad corporativa es a la empresa lo que la publicidad institucional es a una ciudad o a un país. El próximo capítulo está dedicado a ella, y buena parte de las cosas que en él se dicen son aplicables a la empresa, con el nombre de publicidad corporativa.

14

LA IMAGEN INSTITUCIONAL, MUCHO MÁS QUE PUBLICIDAD

Cuando la responsabilidad pone alas a la imaginación

14.1. Las mismas reglas y principios, distintas compensaciones

Las campañas son como los hijos. Las quieres a todas por igual. Pero es evidente que algunas proporcionan una mayor satisfacción moral.

Conseguir que las amas de casa consoliden su buena imagen hacia un producto cualquiera del supermercado es siempre motivo de orgullo y satisfacción para un publicitario. Pero conseguir que bajen los índices de accidentes mortales de jóvenes en la carretera un fin de semana, lo es aún más.

La publicidad para instituciones sigue los mismos principios y las mismas reglas que la publicidad para productos de consumo, pero su grado de transcendencia es mucho mayor.

Y lo digo desde mi punto de vista, el de alguien capaz de luchar como nadie para incrementar un decimal los índices de facturación de mis clientes.

14.2. Vender países o ciudades: «Ahora o nunca»

Después de haber tenido la oportunidad irrepetible de participar en la difusión internacional de los Juegos Olímpicos de

Barcelona, de la Exposición Universal de Sevilla y, sobre todo, después de dedicar una parte muy importante de mi vida profesional como asesor de comunicación, publicidad e imagen de la Presidencia de la Generalitat de Catalunya, mi pasión por la llamada publicidad institucional se ha visto incrementada.

Pero no me considero un recién llegado a esta disciplina. Ya a mis 25 años, en uno de mis primeros pinitos publicitarios, tuve ocasión de emplear mi intuición vendedora en busca de la estrategia ideal para promocionar el turismo en Guatemala.

Un compañero de estudios, natural de aquel país, al ser nombrado responsable del turismo guatemalteco recordó las posibilidades que me había visto desplegar en clase y me invitó a su tierra, para proponerme una campaña publicitaria.

Después de conocer el país a fondo y analizar por qué las principales rutas turísticas mundiales no conducían a Guatemala, la intuición me dictó uno de los diagnósticos más acertados de mi carrera.

A partir de él desarrollé toda una estrategia. No íbamos a revolucionar el sector turístico, sino a sentar las primeras bases para el futuro.

Dadas las limitaciones del presupuesto publicitario y de la propia infraestructura turística del país, y teniendo en cuenta la competencia de países muy cercanos, optamos por aquella norma que sugiere que cuando no se puede vencer al enemigo es mejor unirse a él.

Tal vez la posibilidad era aprovechar precisamente el tirón turístico de esos países cercanos y convertir Guatemala en un complemento, en un país que se dejaba descubrir fácilmente por aquellos turistas que habían escogido distintos destinos. En realidad, era toda una idea vendedora.

Escribí un argumentario modesto pero irrefutable, destinado a los grandes tour-operadores que programaban viajes a Centroamérica.

«Ustedes están ofreciendo viajes de diez días a México, y por el mismo dinero pueden ofrecer que los turistas pasen dos de esos diez

días en Guatemala, para que enriquezcan su cultura y puedan comparar las civilizaciones azteca y maya. Tranquilos, que con dos días es suficiente para hacerse una primera idea de lo que es Guatemala».

Éste venía a ser el mensaje, y recordándolo ahora lo sigo considerando todo un acierto.

Dos décadas después, todavía observo ofertas de viajes que mantienen mi idea estratégica, y me alegro de que el tiempo nos siga dando la razón y se mantenga el interés por un país tan rico culturalmente y tan maravilloso.

A) Barcelona, la gran terraza de Europa

A principios de 1984, en los preámbulos de la candidatura olímpica de Barcelona, el Patronato de Turismo nos encargó su campaña turística.

«*Se trata de que Barcelona pase a ser una ciudad europea que se ha de visitar*», nos dijo su responsable, Santi Costa.

Barcelona, «el norte del sur y el sur del norte» —según definición de su alcalde Pasqual Maragall— buscaba una nueva imagen a través de la publicidad internacional, que ayudara, además, a conseguir los Juegos Olímpicos.

Encontrar esa imagen requería tanta materia gris que llegamos a celebrar 16 reuniones, de las llamadas *brainstorming* (tormenta de ideas), en las que entre otras muchas personas, invitamos a los periodistas Luis del Olmo y Antonio Franco, al filósofo Xavier Rubert de Ventós, al diseñador André Ricard, a los empresarios Josep Maria Figueras y Joan Mas Cantí, a los arquitectos Pep Bonet y Agustín Borrell y al propio alcalde Maragall. Reflexionamos en voz alta sobre las virtudes y defectos de la ciudad, sobre los tópicos a desterrar y los secretos a difundir.

Alguien apuntó que el color de Barcelona era el gris y que eso era algo que se debía cambiar, como ya estaba consiguiendo la campaña de rehabilitación de fachadas de la ciudad.

Algo parecido había ocurrido con ese *Manhattan* sucio y agobiante descrito por el film de Woody Allen, que después del fuerte impulso de imagen del sensacional *I love New York* —ya todo un clásico— cambió de color en las mentes universales.

Buscamos una idea que sintetizara lo más positivo de esta ciudad abierta al Mediterráneo, culta, luminosa, con parques y avenidas, cuna de grandes artistas. Imaginamos que Europa era una gran mansión, y le buscamos un lugar a nuestra Barcelona.

Evidentemente, Francia sería la cocina de la casa y Alemania la sala de máquinas. Italia sería el salón y Gran Bretaña la biblioteca. Y Barcelona iba a ser, sin duda alguna, la terraza. La gran terraza de Europa.

El cartel que daría la nueva imagen de Barcelona no perdía detalle. Una terraza en tonos ocres y cálidos, que combinaba solidez y dignidad. Al fondo, la ciudad, abierta al mar. La luminosidad provenía de la propia ciudad, no del horizonte, por lo que ésta adquiría más protagonismo. Como detalle final y siguiendo el *slogan,* las nubes insinuaban la silueta del mapa europeo.

Era el encuadre ideal para llevarse una foto de recuerdo, y pretendía sólo eso, convencer y seducir al turista para que viniera a hacerse esa foto y a disfrutar de todo el atractivo lúdico y cultural que descubría el texto del anuncio. Todo ello abrigado en ese *slogan* de vocación futurista: *«Barcelona, la gran terraza de Europa»*.

El 17 de octubre de 1986 Barcelona vencía en Lausana, y se convertía en estrella olímpica de 1992.

B) Sevilla'92, la gran fiesta universal

Sevilla lo iba a tener todo, pero nosotros partimos de la nada. Nuestra agencia ganó la cuenta internacional de la Expo en 1990, con la responsabilidad de convertir ese acontecimiento en centro de interés turístico mundial.

Fue también una experiencia condicionada por su fecha de caducidad, concentrada en seis meses de puertas abiertas al mundo que acabaron tomando cuerpo en el *slogan «Ahora o nunca»*, que comentaremos más adelante.

El primer reto fue ganar la cuenta. El segundo, constatar que teníamos sobre la mesa un producto inexistente en aquel momento, que debíamos difundir con urgencia para poder suscitar su demanda.

Poca gente es capaz de programar sus vacaciones con dos años de anticipación, por lo que en una primera fase, nuestra decisión estratégica fue concentrar los esfuerzos en una fuerte campaña de marketing directo dirigida especialmente a los touroperadores, para que fueran pensando en Sevilla'92 como destino para programar en sus grandes paquetes de viajes.

Bien como visita específica, bien como complemento de unas vacaciones en España, había que poner en el mapa y en los catálogos esa nueva Sevilla. El marketing directo sería igualmente el responsable de centralizar las acciones en la segunda fase, ya ampliada a las agencias de viaje, e iniciada en otoño de 1991.

Una oficina telefónica coordinaba en Sevilla toda la información y daba respuesta a las dudas llegadas de cualquier país. Era lógico que, por más información que se pudiera facilitar en catálogos y comunicaciones, siempre hubiera alguna duda que pudiera entorpecer el proceso de decisión.

El teléfono, centro neurálgico de nuestra comunicación, iba a ponerlo todo mucho más fácil y asequible para el mundo entero.

Hubo más sorpresas. Para el público y para nosotros mismos. Y llegaron de la mano de una campaña para un determinado *target* de líderes de opinión donde apostamos por la notoriedad y el máximo impacto.

La campaña de publicidad en revistas especializadas —básicamente las de compañías aéreas—, pretendía intrigar al receptor del mensaje.

El nombre de Sevilla se vinculaba a una imagen de aborígenes australianos, por ejemplo, o a las pirámides de Egipto, al Arco de Triunfo de París o incluso a un iceberg. Junto al nombre de la ciudad, un apellido, *«The great fiesta»* (La gran fiesta), que buscaba la complicidad de este vocablo español, conocido internacionalmente, y que daba un tono lúdico y atractivo al acontecimiento, vendiendo un espectáculo permanente de día y de noche.

Jugábamos con los tópicos, pero rompiendo moldes. Postales típicas y fácilmente identificables de los clásicos destinos turísticos aparecían subtituladas por un contundente «Sevilla», en letras de molde.

Buscando el impacto, la relevancia, en unas revistas en las que acostumbran a aparecer estampas paradisíacas para vender cualquier rincón del mundo, decíamos que Sevilla lo iba a tener todo, las mejores cosas del mundo, en su gran fiesta.

La clave de la campaña era sorprender, pero también acabar demostrando que todo aquello que parecía tan contradictorio era cierto, que todo el mundo se daría cita en Sevilla y que los visitantes de la Expo podrían disfrutarlo.

Era una estrategia calculada, milimetrada, que levantó cierta polémica en nuestro país a causa de la impaciencia habitual y algún que otro malentendido. Los que pensaban que se estaba difundiendo la Expo sin aprovechar la ocasión para mostrar las maravillas de Sevilla al mundo acabaron descubriendo que, al igual que en las grandes películas de suspense, se estaba reservando lo mejor para el final.

La última de las imágenes que apareció en esta campaña, ya en la tercera fase, era una sensacional foto aérea de La Giralda a cargo de Peter Kaplan.

Pero lo verdaderamente sorprendente fue comprobar cómo, una vez más, la realidad supera la ficción. Chile, por ejemplo, acabó trayendo realmente un iceberg a Sevilla para dar relevancia a su pabellón.

Cuando buscamos imágenes fuertes para sorprender al lector, sabíamos que estábamos refiriéndonos a símbolos, pero no podíamos imaginar que llegaría a haber tales coincidencias. Nunca mejor dicho, el tiempo, y Sevilla, nos habían dado la razón.

La última campaña para Expo'92, la definitiva, dio con un *slogan* de gran impacto, que resumía en tres palabras y en forma de *ultimátum* el mejor atractivo de la Expo'92, que la hacía ineludible.

«*Now or never*». «Ahora o nunca», tal como se adaptó también para la campaña española, lo que supuso un reconocimiento explícito a nuestro hallazgo para la publicidad internacional.

Nuestro *slogan* reflejaba una gran verdad. Aludíamos de manera indirecta a nuestra competencia turística, que podía ser visitada en cualquier otra ocasión.

Por el contrario, el mayor espectáculo universal tenía sólo seis meses de escaparate. Ahora o nunca podías verlo. Los demás destinos turísticos iban a continuar prácticamente intactos los siguientes veranos, la Expo no.

Me alegró leer las declaraciones de Ricardo Bofill después de su primera visita a la Expo. Dijo que era una lástima no poder alargar a un año la duración de la Exposición, para dar más oportunidades a los visitantes.

Si él consideraba una lástima que tanto esfuerzo durara tan poco, ¿qué iban a pensar los que malograban la oportunidad única e irrepetible de verlo y pisarlo en directo, escogiendo un destino turístico eterno y convencional?

Yo mismo le había insinuado al consejero delegado de Expo'92, Jacinto Pellón, poco después de la inauguración, esa posibilidad de alargar la Expo. Pero no era posible. Definitivamente, no había más opción que el «ahora o nunca».

14.3. Creando conciencias y calidad de vida de la mano de la Generalitat de Catalunya

En 1987 fui nombrado asesor de comunicación, publicidad e imagen para la Presidencia de la Generalitat de Catalunya, lo que me ha permitido conocer muy de cerca las claves de la comunicación institucional.

Después de una intensa etapa de campañas públicas referidas a distintos temas de gobierno, el panorama era realmente confuso. El índice de recordación de los mensajes de la Generalitat era muy bajo, sobre todo comparado al excelente *«Barcelona més que mai»* (Barcelona más que nunca), con el que la ciudad capital había acertado plenamente.

Mi primera aportación fue convencerles de que lo de «divide y vencerás» era una consigna propia del enemigo. En un año habían aparecido más de ochenta campañas distintas de publicidad de los diferentes departamentos del gobierno catalán.

Era, pues, absolutamente imprescindible encontrar un concepto unitario que diera cohesión a todos los mensajes de la Generalitat.

A) Del punto A al punto B

En términos publicitarios convencionales, se trataba prácticamente del lanzamiento de un nuevo producto.

El punto A, lo que el ciudadano pensaba sobre la institución, reflejaba un estado de confusión y un elevado desconocimiento.

El punto B, nuestro objetivo, era lograr el acercamiento de la gente hacia su gobierno, a través de una imagen global y unitaria, que permitiera afrontar con éxito campañas más puntuales de participación ciudadana.

B) Un gran paraguas

La primera vez que le propuse a Lluís Prenafeta, entonces secretario general de la Presidencia, el *slogan «Som 6 milions»* (Somos 6 millones) no pestañeó. Al cabo de un minuto, se limitó a decirme: *«Me gusta, podría funcionar»*. Y pasados unos días, me confirmó con entusiasmo: *«Ésta será la campaña»*.

Una vez concretado el concepto genérico que debía provocar la identificación de todos los catalanes en un proyecto común, empezamos a desarrollar la campaña en tres fases claramente diferenciadas.

La primera se limitó a dar a conocer el *slogan* de la manera más notoria posible.

El mensaje caló hondo. Los propios ciudadanos lo hicieron suyo rápidamente. Se convirtió en tema de debate en la calle, y para muchos en una coletilla con la que acompañar sus conversaciones.

Se inventaron chistes, y en definitiva, su fuerza integradora e identificativa acabó entusiasmando a una gran mayoría de la sociedad.

Ya teníamos un gran paraguas en el que cobijarnos. El trabajo fue convencer a mucha gente de que llovía. Debo reconocer que sin la excelente labor de Albert Vila, interlocutor de todos los departamentos del gobierno, hubiera sido imposible conseguir el éxito.

Es difícil coordinar la comunicación de cada área. Para Agricultura, la prevención de incendios forestales se debe afrontar sin demora, para Sanidad la campaña de vacunación no puede esperar, y así, sucesivamente.

Optamos por desplegar el *slogan* genérico *«Som 6 milions»* en una docena de grandes temas que subrayaban el mensaje. Obras públicas, Sanidad, Cultura, Enseñanza, etc., requerían esos *«6 millones»* de ciudadanos para ser una realidad.

La segunda fase de la campaña permitía concretar los objetivos y entrar en detalle en los temas correspondientes a cada departamento, y en la tercera, el *slogan* genérico era ya un simple subrayado que unificaba, una firma inconfundible de la institución, que no robaba ningún protagonismo a lo verdaderamente importante, ya fuera advertir sobre los peligros del tabaquismo o solicitar una mayor prudencia a los conductores.

C) Publicidad e información

Cada cosa en su lugar, y en su momento.

Tuvimos que aprender también a trazar y respetar las fronteras naturales entre información y publicidad, porque abusar de los anuncios institucionales que reflejasen la actualidad diaria del gobierno podía hacernos caer en el autobombo gratuito.

En reuniones semanales con otros expertos en comunicación, fuimos filtrando objetivos para establecer las líneas maestras de cómo comunicarlos.

Hay mensajes que requieren sólo la información de la prensa. Otros aconsejan una campaña puramente publicitaria. Y a menudo se hace necesaria la combinación de una información permanente con una publicidad que busque objetivos concretos. Pienso, por ejemplo, en los accidentes de tráfico por beber demasiado o en las muertes de motoristas por no hacer uso del casco.

Ni un anuncio debe limitarse a facilitar las cifras escalofriantes de fallecidos, ni una noticia debe hacer especial hincapié en el drama de las familias afectadas. Hay que saber comunicar la estadística oportunamente, sin cansar al público, para no provocar un efecto contrario endureciendo su piel.

Y hay que hallar los mensajes publicitarios idóneos que combinen razón y emoción, para que los escalofríos levanten un poco el pie del acelerador cuando uno se sienta al volante.

D) Cuidar todos los detalles

Voy a contar un detalle, a título anecdótico, para compensar el obligado secreto que debo guardar sobre muchas decisiones tomadas en estos años.

Se trata de algo aparentemente tan simple como el acondicionamiento de una sala para las ruedas de prensa. Antes, las sesiones informativas con los periodistas se celebraban en salas no preparadas para ello, lo que ocasionaba un doble perjuicio a la imagen de la Generalitat. Los periodistas trabajaban con pocas comodidades, y los espectadores no recibían bien las imágenes fotográficas o televisivas de las comparecencias del presidente Pujol.

La nueva sala corrigió los defectos técnicos y dio solidez y solemnidad a las ruedas de prensa. No es casual que a un hábito firme y estable lo llamemos popularmente «algo institucional». Esta palabra refleja precisamente el carácter digno y oficial que debe avalar todo acto de gobierno.

Desde entonces, las imágenes de las ruedas de prensa pueden ser rápidamente identificadas por el escudo de la Generalitat en el centro de la mesa presidencial, y tanto las televisiones como las radios trabajan en las mejores condiciones técnicas, incluso si optan por una conexión en directo.

Cuidar hasta los más mínimos detalles ha sido una labor de titanes en los viajes internacionales del presidente.

Además de cubrir los objetivos políticos e institucionales, los viajes a Israel, Uruguay, Brasil, Japón, China o Estados Unidos han permitido asentar la imagen de Cataluña en el resto del mundo. La resonancia que tuvo en la prensa mundial la recepción del entonces presidente norteamericano, George Bush, al presidente catalán, Jordi Pujol, influyó de forma muy favorable en la imagen de la propia institución.

Todo el esfuerzo desarrollado, en estrecha colaboración con la directora del gabinete del presidente, Carme Alcoriza, los jefes de protocolo, Olga Castells y Sergi Loughney, y el jefe de prensa, Ramón Pedrós, se ha visto compensado con creces por las repercusiones obtenidas de corto y largo alcance.

E) El trabajo bien hecho

Pero llegó el momento en que la Generalitat decidió sustituir el *slogan «Som 6 milions»*, al considerar que ya había cumplido todos los objetivos para los que fue creado.

El interés de la Generalitat de Catalunya se centraba entonces en sensibilizar a los ciudadanos catalanes sobre la necesidad de «trabajar bien» para ser competitivos ante el reto de la apertura de fronteras con Europa.

«La feina mal feta no té futur. La feina ben feta no té fronteres»

(El trabajo mal hecho no tiene futuro. El trabajo bien hecho no tiene fronteras), fue nuestra solución creativa.

Los *spots* y vallas consistían en ejemplos tan gráficos como un tornillo que en la primera parte del mensaje era golpeado a martillazos y en la segunda era correctamente atornillado. En otro, una primera parte del *slogan* se escribía con una máquina antigua y con faltas de ortografía, mientras la segunda se imprimía impecablemente con ordenador.

Recuerdo la enorme satisfacción que me produjo el hecho de que el grupo Ogilvy & Mather lo asumiera para sus propias campañas. Todas las oficinas mundiales de Ogilvy & Mather, con el permiso oportuno de la Generalitat, adoptaron este *slogan* —con la firma de la agencia— como estímulo diario en su trabajo.

Pero lo cierto es que, después del *«Som 6 milions»*, la institución necesitaba otra verdadera campaña institucional que amparara todos los objetivos de gobierno.

Entre paréntesis, quiero advertir sobre esa inevitable vocación del anunciante de renovar mensajes antes de que hayan llegado a su vejez natural. Recuerdo cómo el *«Chup, chup, Avecrem»* murió a los tres años, contra mi voluntad, cuando yo le auguraba larga vida. Después de haber consolidado años más tarde el *«Avecrem, a mano»*, recuperando el tiempo perdido, tuve que afrontar de nuevo el cambio de *slogan* solicitado por el cliente. Lo que ya no acepté, por lo que dejé de trabajar para esa compañía, excelente por otro lado.

«Som 6 milions» podía haber tenido vida mucho más larga, pero tuvimos que renovarlo.

Acabamos dando con un nuevo *slogan*: *«La gent és la força de Catalunya»* (La gente es la fuerza de Cataluña), que sirvió de puente hasta el inicio de la nueva etapa: *«Treballem pel 2000 des d'ara»* («Trabajamos/Trabajemos para el 2000 desde ahora», en catalán tiene el doble sentido) era el nuevo concepto desarrollado. Sintetizaba los nuevos objetivos políticos trazados por el presidente Jordi Pujol que tanto él mismo como el actual secretario general de la Presidencia, Joaquim Pujol, nos transmitieron en largas sesiones de trabajo.

El balance que puedo hacer del camino recorrido de la mano de la Generalitat, contribuyendo a crear conciencias cívicas y a mejorar la calidad de vida, no puede ser más optimista.

En capítulos anteriores ya les hablé del *spot* en que Johan Cruyff disuadía a los fumadores. También vimos la fuerza del *slogan «Barrejar alcohol i benzina mata»* (Mezclar alcohol y gasolina mata), o de la campaña antiincendios que se servía de la cabellera de un hombre para representar el peligro de encender fuego en el bosque.

Otra campaña atrevida, hecha para la Conselleria de Sanitat, consiguió también levantar del sillón a más de un espectador.

Pusimos en contradicción los tópicos populares sobre salud que confunden hábitos insanos con conductas recomendables. *«No t'enganyis. Això no és vida»* (No te engañes. Esto no es vida), era el *slogan* que servía para ir mostrando a personas ancladas en engaños como «el mejor deporte es el que se practica ante el televisor», o «después de una buena comida, no hay nada mejor que una copa y un puro».

Por último, no puedo acabar este capítulo sin mencionar la campaña del *«Acolliment familiar»* o acogida familiar, que pretendía sensibilizar a personas con o sin hijos para que adoptaran temporalmente a niños que no eran recién nacidos, rubios y de ojos azules, sino niños con graves problemas familiares: padres en prisión o drogadictos, alcohólicos o extremadamente violentos, etc.

El *spot* iba mostrando algunos de estos niños, mientras se preguntaba por su futuro. Nuria, 1 año y medio, con anticuerpos del SIDA. Será doctora... o no. Paquito, 8 años, padres en prisión. Será abogado... o no. Y así hasta llegar a Alex, 5 años, situación familiar grave. Será feliz... o no. Al final, un número de teléfono al que se podía pedir información, y una brevísima reflexión: *«Tu pots acollir-lo... o no»* (Tú puedes acogerlo... o no).

Los resultados de la campaña, que duró apenas un mes, fueron extraordinarios.

Epílogo

LAS CEREMONIAS OLÍMPICAS: UN BROCHE DE ORO

1. Citius, Altius, Fortius

Comparto al ciento por ciento los ideales olímpicos. El instinto de superación, la ambición basada en el esfuerzo diario, la moderación del *fair play*, la deportividad.

Por eso, creo que no hay mejor manera de cerrar este Libro Rojo de la Publicidad, que con un ejemplo extraordinariamente popular: las Ceremonias Olímpicas de Barcelona'92. Fueron algo excepcional, inolvidable y también el *spot* más largo de mi historia.

Pienso que comentarlas nos servirá para recordar y resumir todo lo que hemos ido viendo en las páginas anteriores.

Desde el primer *briefing* hasta el día «D». Desde el análisis del producto a la elección de los caminos creativos. Desde el diseño de la estrategia hasta la elección de los actores.

Hablaremos del *spot,* paso a paso.

Cualquier *spot* nos sería útil para analizar los principios elementales anunciados. Desde el más sencillo, hasta el más costoso del mundo. Pero si el destino nos brinda la oportunidad de trabajar y analizar un *spot* que dio la vuelta al mundo y pudo ser visto por más de 3.000 millones de personas, no vamos a desaprovecharla.

Llegamos más rápido, más alto y con más fuerza que nunca. Citius, altius, fortius, de nuevo.

2. El *briefing*: una tentación irresistible

A) Los porqués de un reto histórico

Cuando Barcelona era todavía candidata, ya habíamos participado en su promoción olímpica, convirtiéndola en *«La gran terraza de Europa»*.

Luego tuve el honor y la responsabilidad de formar parte de la comisión asesora para la elección del logotipo y la mascota.

Poco después, el alcalde y presidente del comité organizador de la Olimpiada de Barcelona (COOB'92), Pasqual Maragall, me invitó a presentar una propuesta para la gestación de las Ceremonias Olímpicas que, según él, eran el auténtico reto comunicativo.

Dudé unos instantes, pero enseguida comprendí que una oportunidad así no volvería a presentarse jamás.

Había mucho que decir, y muchos interesados en oírlo. Hacía falta ordenar la comunicación, crear los canales. Se requerían, más que nunca, ideas, grandes ideas, ideas fuertes. Y sobre todo, hacerlas realidad. Porque una idea no es una idea hasta que alguien es capaz de ejecutarla, darle vida y aliento, llevarla de la imaginación del creativo a los cinco sentidos del receptor.

¿Sabría Barcelona superar las Ceremonias anteriores?

Esa duda no nos desanimó, sino que nos dio alas. Teníamos que ser creativos y convincentes. Necesitábamos hacerlo mejor que los demás y conseguir que todo el mundo se sintiera orgulloso de las Ceremonias de Barcelona. Era una gran responsabilidad. Pero también un gran privilegio.

B) El cómo de una gestación

1. El concurso: una explosión de ideas

Todo empezó a finales de 1989. Con el *briefing* que nos dio el COOB'92 y los vídeos de las Ceremonias anteriores, un equipo de nuestra agencia se puso manos a la obra. Diseñar el sueño de una noche de verano del 92 nos llevó infinidad de horas.

Surgieron ideas memorables, una de las cuales no pudo realizarse por limitaciones estructurales. Pensamos que, ya que el Estadio Olímpico no podía dar cabida a todos los que querrían ver las Ceremonias en directo, podíamos llevar el espectáculo a otros cuatro escenarios, que con el propio Estadio representarían los cinco aros olímpicos, es decir, los cinco continentes.

La antorcha llegaría por mar al Puerto de Barcelona y en el Tibidabo se encendería el logotipo olímpico. Así, toda Barcelona sería una fiesta. En los cinco escenarios se podría ver una parte del espectáculo en directo, y el resto a través de gigantescas pantallas de televisión. Pero tuvimos que renunciar a esa idea porque los dispositivos de seguridad hubieran tenido que multiplicarse por cinco, y eso era del todo imposible.

Pienso que una de las grandes decisiones que tomamos fue asociarnos con Sport Sponsoring. Todo un acierto. La experiencia en olimpismo de José María Casanovas, editor del diario *Sport,* era justo lo que necesitábamos.

Leopoldo Rodés fue absolutamente clave en esos momentos.

Tras meses de madrugadas que no conocían el sueño, y fines de semana enteros, rellenando cientos de fichas técnicas de cada una de nuestras ideas, llegamos a la final del concurso frente al grupo Ovideo-Bigas Luna.

Nuestro guión incluía ya muchos de los elementos que acabarían configurando el definitivo, como el Homenaje al Sol y al Mediterráneo, la coreografía de las Ramblas, la sardana olímpica y los Castellers, la alusión a la Comunidad Europea, las voces de figuras imprescindibles como Montserrat Caballé o José Carreras, el humor de El Tricicle o la emoción del tradicional *Cant dels Ocells* de Pau Casals, interpretado por Lluís Claret y Victoria de los Ángeles. Varios de ellos coincidiendo con Ovideo-Bigas Luna, como sabríamos después.

Y otros que, por diversos motivos, se quedaron por el camino. Como la transformación de las Meninas de Velázquez en las Meninas de Picasso, o la simbolización en una guitarra de la música clásica, la folclórica, el jazz y el rock.

2. La fusión: nace Ovideo-Bassat-Sport

De una fase de excitación creativa absoluta llegamos a una segunda de tensión y sufrimiento. Se sucedían las presentaciones y los empates, ya que cada uno de los dos grupos aportábamos en nuestros guiones tres momentos extraordinarios, tres «dieces», en palabras del COOB, de los que no se quería prescindir de ninguna manera.

Finalmente, la elección se desbloqueó con una propuesta de José Miguel Abad, consejero delegado del COOB, quien sugirió como única alternativa válida la fusión de los dos proyectos. Fue la primera muestra de la capacidad para solucionar y desbloquear los temas de mayor trascendencia, que manifestaron él y su equipo a lo largo del proyecto.

Así nació Ovideo-Bassat-Sport, la empresa encargada de organizar las Ceremonias de Inauguración y Clausura, tanto de los Juegos Olímpicos como de los Paralímpicos. Yo tuve la suerte de ser elegido presidente.

3. Solucionando problemas

Con Ovideo-Bassat-Sport se fusionaban no sólo dos ideas sino dos estilos de trabajo. Con las dificultades lógicas y después de cientos de horas de reuniones, se logró la simbiosis de un gran equipo que dejó la piel para conseguir su objetivo.

Una vez aprobado el guión definitivo, vendrían los problemas de organización. Fueron muchos los momentos de tensión, de cambios, de crisis.

Fue un trabajo duro. La memoria de Ovideo-Bassat-Sport

habla de 77 consejos celebrados, de entre 4 y 12 horas de duración cada uno.

Afortunadamente, el éxito y la unanimidad de críticas favorables a las Ceremonias convirtieron el recuerdo de nuestras dificultades en pura anécdota.

3. El producto: de lo particular a lo universal

A) Barcelona, Cataluña y España

Éste era el producto a vender. Teníamos que ofrecer la imagen que nuestra ciudad y nuestro país podían y querían dar, y aprovechar la oportunidad irrepetible de tener a medio mundo pendiente de nosotros, para superar tópicos desfasados.

Eficacia. Ésa era una de las claves. No nos podíamos permitir cometer errores. Nadie nos lo perdonaría, ni nosotros mismos.

La vida está llena de dualidades, y en la gestación de las Ceremonias podía hablarse casi de un duelo. Razón-Emoción, Creatividad-Eficacia. Nadie dudaba de que tendríamos muchas ideas, pero más de uno temía que la improvisación acabara siendo protagonista.

Ahora entiendo que eso fue una suerte. Esos recelos nos obligaron a trabajar más y a preverlo todo. Porque el principal producto a vender era precisamente la capacidad de un pueblo como el nuestro para organizar el mayor espectáculo del mundo.

El sol era, evidentemente, un activo. Y todo un argumento de venta de nuestro país. De ahí que enseguida le diéramos el protagonismo que merecía, pero con un aire moderno. Era el sol de siempre, el Sol de España, pero renovado con la fuerza y energía del diseño, de una creatividad radiante.

Vender Barcelona, Cataluña y España significaba vender además el Mediterráneo, vender la simpatía del «Hola», las flores de las Ramblas, el genio de Miró, Picasso y Velázquez, la sobriedad y perfección de la sardana, la pasión del flamenco, la vanguardia creativa y artística, las voces líricas catalanas y españolas que triunfan en todo el mundo, y el gusto por el riesgo calculado de una flecha destinada a encender corazones.

Ése era el producto, la síntesis de lo particular y de lo universal. Barcelona, Cataluña, España, Europa y el Universo entero, en un Estadio privilegiado como lo fue, en esas noches, el de Montjuïc.

B) Los valores olímpicos

Otro gran protagonista incuestionable eran los valores del olimpismo. Porque una Ceremonia Olímpica debe cumplir con todo el ritual que soñaron los griegos, y que recuperó para la era moderna el barón Pierre de Coubertin hace casi cien años.

Si el primer producto a resaltar era nuestro país, el segundo sería el deporte olímpico con los 15.000 atletas dispuestos a luchar contra el tiempo y el espacio para hacer saltar los cronómetros y llegar más rápido, más lejos y más fuerte. Su desfile, animado y emotivo, no rompió el ritmo de la Ceremonia.

Los anillos olímpicos, símbolo de la unión universal, tuvieron una presencia extraordinaria cuando una inmensa bandera cubrió a los atletas de todo el mundo.

Uno de los mayores secretos del éxito fue llevar a cabo el ritual olímpico haciendo uso de la creatividad. Porque la llama ardió aquí, como lo hizo en Seúl y en Atlanta. Pero Barcelona le dio el toque personal de un arquero que hizo volar el fuego para deleite universal.

4. El consumidor: medio mundo ante el televisor

A un publicitario no deben asustarle jamás las audiencias, sino todo lo contrario, la falta de ellas. Pero hay excepciones. Cuando te hablan de más de 3.000 millones de personas que tienen televisor, es difícil no sentir un escalofrío.

Nuestro único límite era la presencia o no de televisor en los hogares, ése era el único condicionante que definía al *target group*. Los 3.000 millones de espectadores tenían sólo una cosa en común: tenían televisor, eran el medio mundo que convive con la pequeña pantalla.

El espectáculo debía ser, pues, eminentemente televisivo. Debía buscar tanto los planos generales como los primerísimos planos. Debía tener el ritmo trepidante de la televisión actual, y seguir los códigos más universales para atravesar la piel del telespectador. No podía ser un espectáculo más. Debía ser El Espectáculo.

5. La estrategia, la gestión y la ejecución

A) Cambiar, crear y consolidar actitudes

Ésa es la misión de la publicidad, eso es lo que un buen *spot* debe hacer para un producto.

Las investigaciones nos echaron una mano, una vez más. Había actitudes del público hacia España que debíamos cambiar. Como, por ejemplo, algunos tópicos referidos a la ineficacia, la inexperiencia, la poca competitividad, el subdesarrollo tecnológico.

Desde la llegada de la democracia a nuestro país, habíamos vivido 15 años en los que se habían quemado etapas a la velocidad de la luz, para atrapar el tren europeo, pero no todo el mundo había captado ese cambio radical.

Juan Antonio Samaranch, presidente del Comité Olímpico Internacional, lo diría bien claro haciendo balance de los Juegos: *«Éste ya no es el país de la siesta y el vuelva usted mañana»*. Estoy seguro de que las Ceremonias pusieron su granito de arena, junto a la impecable organización de todos los eventos deportivos, para este cambio radical.

También había actitudes a crear. Porque nuestro diseño,

nuestra moda, nuestra creatividad, no eran todavía universalmente conocidos. A pesar de que en los últimos años han ido ganando en proyección internacional a pasos de gigante, no todo el mundo tenía esa actitud ante los productos e ideas procedentes de España, y ahí estaba nuestra gran responsabilidad.

Y por supuesto, había actitudes a consolidar. El valor de la historia y las tradiciones artísticas y folclóricas, el calor humano, la simpatía y la hospitalidad. Valores eternos que fueron consolidados y multiplicados por cien.

B) De la gestión a la ejecución

Ser creativos en todo es la clave. Y tuvimos que serlo en la gestión de un presupuesto limitado de 2.800 millones de pesetas para las dos Ceremonias Olímpicas y de 700 para las dos Paralímpicas.

Sin la increíble labor del gerente, Carlos Iniesta, y de su pequeño pero supereficaz equipo, no lo hubiéramos conseguido.

Antoni Camín, de Ovideo TV, hizo también un trabajo extraordinario como asesor financiero.

Pepo Sol, rival primero y socio después, como consejero delegado y productor de las Ceremonias, me regaló la experiencia de trabajar en una gran producción, dirigida por él con una inteligencia y una capacidad de trabajo extraordinarias, con el apoyo de un gran equipo de profesionales que va a ser muy difícil, si no imposible, reunir de nuevo.

Fueron muchas las personas que aportaron su esfuerzo y su entusiasmo para hacer realidad el gran sueño. Sería injusto olvidar alguna de ellas. Por ello quisiera simbolizarlas a todas en una sola: Joan Permanyer, consejero delegado del diario *Sport* y consejero de Ovideo-Bassat-Sport.

Poca gente vivió con tanta ilusión todo el proceso. En pleno trabajo, una leucemia le apartó de su puesto, a pesar de que él se resistiera a hacerlo y se convirtiera en devorador incansable de todos los informes de reuniones que le hacíamos llegar puntualmente a casa o a la clínica.

Sacó fuerzas de flaqueza para resistir hasta las Ceremonias, que vio desde un televisor de la clínica Corachán. Después de la de Clausura, fui a visitarle, como tantas veces lo había hecho durante su enfermedad, pero su esposa Mercedes me dijo que estaba dormido. Desde ese sueño, y me consta que con la satisfacción del deber cumplido, entró en coma. El 12 de agosto, tres días después de que acabasen los Juegos, nos dejaría para siempre.

6. Una explosión creativa con actores de lujo

Manuel Huerga, director adjunto de Bigas Luna, asumió la dirección creativa cuando Bigas se retiró. Fue, conjuntamente con su equipo, uno de los grandes artífices del espectáculo.

La ejecución creativa se hizo en toda regla. Y puede analizarse desde la perspectiva de los grandes caminos creativos de la publicidad, porque precisamente se basa en algunos de ellos. Me gustaría resumirlo en los más significativos, para que nos sirvan de ejemplo práctico de su aplicación y nos confirmen que las Ceremonias fueron un *spot* excepcional.

Por supuesto, la emoción, simbolizada en la flecha memorable que encendió el pebetero, haciendo palpitar los corazones de millones de personas, fue un elemento imprescindible para completar los caminos creativos.

También lo fue el humor, usado por primera vez en una Ceremonia, como un guiño al telespectador, y que tuvo en actores de la categoría de El Tricicle su expresión deportiva maratoniana.

Pero sin duda, las Ceremonias basaron en los testimoniales, los símbolos visuales y la música toda su fuerza comunicativa.

Contaron además con personajes de excepción, entre los que destaca el príncipe Felipe, abanderado español, que pasó de artista invitado a protagonista, en una vuelta al Estadio inolvidable.

Y, de propina, la increíble demostración espontánea del público, que se convirtió en prueba y confirmación del calor de nuestra personalidad.

Medio mundo vio, demostrado de la manera más vibrante desde las gradas, que éste es realmente un país en el que se hacen amigos para siempre.

La entrega final de todos los atletas bailando la rumba en la Ceremonia de Clausura confirmó a los espectadores que la simpatía, la comunicación y la alegría se contagian.

Grandes emociones, grandes pasiones, grandes símbolos. Analicemos estos últimos uno a uno.

A) Los símbolos visuales

Fueron las grandes estrellas del espectáculo, consiguiendo impactos permanentes por su espectacularidad y su significado.

El «Hola» de bienvenida, hecho de pájaros, flores y grandes personajes, todos ellos típicos de las Ramblas barcelonesas, transmitía desde el Estadio una salutación en un lenguaje casi universal.

Los cinco aros de la sardana convertidos en cinco aros olímpicos, se transformaban en un gran corazón que palpitaba emocionado, gracias a los pañuelos rojos que agitaban los propios sardanistas.

La gran bailarina Cristina Hoyos, la mujer de rojo erguida sobre un caballo negro, consiguió contagiar a todos la magia y la fuerza del flamenco. Su veloz carrera al galope cruzando el Estadio dejó una estela de color y pasión.

Antonio Rebollo, el arquero que lanzó la flecha hacia la gloria, protagonizó el símbolo más memorable de toda la Ceremonia. El famoso joyero barcelonés, José M.ª Puig Doria, nos confirmó, a título anecdótico, la notoriedad impactante de este disparo olímpico: había acuñado unos broches de oro, representando los diferentes deportes, y el primero que agotó fue el del tiro con arco, un deporte que no era precisamente de los más populares antes de la Ceremonia de Inauguración.

El nacimiento del mar Mediterráneo, espectacularmente escenificado por La Fura dels Baus, con coreografía de Judy Chabola y vestuario de Peter Minshall, fue otro símbolo que impactó con fuerza. La coronación de Hércules y las olas que inundaron el Estadio provocaron que al día siguiente, *El Periódico de Cataluña* titulara su portada con una sola palabra para resumir y elogiar tres horas de Ceremonia: «*Mara*villoso».

Los Castellers, una de las tradiciones catalanas más genuinas, levantaron doce torres en homenaje a los doce países que formaban la Comunidad Económica Europea. Y también el fuego. La compañía Els Comediants aportó a la Clausura la fuerza simbólica y la brillantez del fuego, protagonista de las fiestas más arraigadas del Mediterráneo.

Por último, el adiós de Cobi, desapareciendo en el cielo en un viaje infinito, a bordo de un barco de papel, fue particularmente emocionante. La mascota olímpica se despidió de todo el mundo, saludando con su brazo en señal de paz y amistad.

B) Los testimoniales

El físico Stephen Hawking fue un excelente testimonial. Era el famoso, pero sobre todo, el experto. Experto en su minusvalía, y en esa capacidad de superación que le ha permitido llegar a ser un genio de la física. Su testimonio fue de tal fuerza, que nunca podremos agradecerle lo bastante que nos dedicara un día y medio de su valioso tiempo para grabar las palabras que emocionaron al Estadio desde la pantalla Jumbotron.

Todos aplaudimos su mensaje a los minusválidos del mundo, para que lucharan por sus derechos a ser respetados y valorados como personas normales.

Pero hubo más testimoniales. Porque las Ceremonias reunieron a muchos personajes famosos dispuestos a vender un mensaje de hermandad entre todos los países del mundo. Personajes que aportaron un testimonio personal de gran valor, aunque sólo recibieran a cambio una peseta de oro. Y también la gratitud y admiración de muchos millones de personas.

Otro testimonial de excepción fue Petra, la mascota de los Paralímpicos, encarnada por Lorenza, increíble artista que comparte con ella la minusvalía de carecer de brazos. Llegó al centro del Estadio desde lo alto del reloj, subida en la moto del campeón de trial Gabino Renales. Todo un símbolo de superación de las barreras arquitectónicas. Cogió un ramo de flores, saludó al público con un pañuelo, y demostró al mundo que donde no llegan las manos pueden llegar los pies.

C) La música

Si la música es un camino creativo excepcional, reunir a los mejores intérpretes del mundo sobre un mismo escenario es un lujo que raras veces nos podemos permitir.

No hay otro país con más y mejores figuras de la lírica que el nuestro. Desde el principio tuvimos muy claro que no aprovechar esta circunstancia sería un error imperdonable. De ahí que mi primer objetivo fuera conseguir que José Carreras aceptara el cargo de Director Musical de las Ceremonias.

Después de unas semanas intentando contactar con él sin éxito, debido a su agenda internacional, la fortuna quiso que la misma tarde en que yo iba a tomar en Nueva York el avión de regreso a Barcelona, me invitasen a la inauguración de un nuevo hotel, donde Carreras daría un concierto privado.

Decidí aliarme con el azar, y deshice mis maletas. Nos vimos en su suite. Le expliqué de qué se trataba y tardó menos de un minuto en decir que sí.

Se tomó con tanto entusiasmo el proyecto que encontró tiempo para asistir a la mayoría de las reuniones en las que se gestó un cartel irrepetible: Montserrat Caballé, Teresa Berganza, José Carreras, Plácido Domingo, Jaume Aragall, Joan Pons, Alfredo Kraus, Victoria de los Ángeles, Agnés Baltsa y Virginia Parramón.

Josep Pons, subdirector musical, fue clave en aquellas noches de trabajo inolvidables. Como lo fueron también Ruychi Sakamoto, Mikis Theodorakis, Angelo Badalamenti, sir Andrew Lloyd Webber y Carlos Santos, junto a otros extraordinarios músicos e intérpretes españoles.

Pero la música estuvo representada además en las fanfarrias, en las sardanas, en las bandas y tambores, en los himnos, en la canción oficial de los Juegos *Amigos para siempre* y, cómo no, en las rumbas de Peret, Los Amaya y Los Manolos, que sirvieron para despedir los Juegos Olímpicos con una gran fiesta desbordante de alegría y vitalidad.

Puesto que la música es provocadora de emociones y se vive de manera absolutamente personal, me gustaría confesarles que la canción compuesta por Salvador Távora e interpretada por Montserrat Caballé y por él mismo, en la Inauguración Paralímpica, *La paloma blanca*, me emocionó especialmente. «*Una paloma blanca / en un almendro / tiene las alas rotas / y abierto el pecho*», es una preciosa analogía con el mundo de las personas que sufren alguna disminución física.

La Ceremonia Paralímpica contó con la doble sensibilidad de su directora artística, Gloria Rognoni, una gran profesional del teatro, que supo además transmitir la emoción y la experiencia de su propia vivencia en una silla de ruedas. Ella y su equipo consiguieron que la entrega del público fuese absoluta.

Si tenemos que creer lo que dijo la prensa mundial, puedo afirmar, sin pecar excesivamente de inmodestia, que conseguimos todo lo que nos habíamos propuesto y hasta un poquito más.

Los titulares elogiaron no sólo la creatividad, sino también el rigor, la puntualidad y la eficacia con que se había trabajado. La imagen de Barcelona, Cataluña y España subió puntos en todo el mundo.

Recibí en los días posteriores más de 300 cartas de enhorabuena, alrededor de 500 llamadas telefónicas y una infinidad de felicitaciones personales. No puedo ni contar las manos que estreché en el Estadio, e incluso en la calle, de personas que no conocía.

Entre todas las felicitaciones quisiera resaltar una: poco antes de finalizar la Ceremonia de Clausura, Su Majestad Juan Carlos I, Rey de España, me hizo llamar. Cuando entré en el palco, se levantó de su asiento y me estrujó materialmente con un fuertísimo abrazo. Puedo asegurar que mi corazón se salió de su sitio, y que todas las cosas maravillosas que me dijo, no las olvidaré mientras viva.

Gracias

A Carles Capdevila, periodista, por haber sabido escucharme y haberme ayudado a ordenar mis experiencias.

A Esther Vicente, directora creativa, por creer como yo que cuatro ojos ven más que dos.

A Montse Beltrán, mi ayudante, por su gran trabajo.

A Óscar Pla, director creativo, y Toni Otero, director de arte, por poner cada cosa en su sitio.

A Enric Pujadas y Jordi Alavedra, vicepresidente y director general de Bassat Ogilvy Barcelona.

A todos los demás profesionales de Bassat Ogilvy por contribuir en las campañas que menciono en este libro.

A Fernando Romero, Heinrich Joos, Ramón Guardia, Fernando Martín, Javier Marina, Nacho Rufín y Juan Luis Gil, por su inestimable colaboración.

A los otros muchos publicitarios que a lo largo de los años han estado con nosotros, por su tiempo y su trabajo.

A José Llusá y Juan Sebastián Alós, por aportarme sus conocimientos de investigación.

A Jaume Perich, humorista, por sus chistes y por lo que hacen pensar.

A Dani Virgili, fotógrafo, por descubrir mi lado bueno.

A Olvido Lías, por su retrato.

A Lluís Permanyer, escritor y periodista, por su sincera y meditada opinión.

A Manuel Marín, amigo y editor, por su desinteresado asesoramiento.

Y sobre todo, gracias a todos y cada uno de los clientes para los que he tenido la oportunidad de trabajar durante estos 25 años. Sin ellos, bien poco hubiera aprendido.